中华人民共和国行业标准

公 路 桥 涵 养 护 规 范

Code for Maintenance of Highway Bridges and Culvers

JTG H11—2004

主编单位:陕西省公路局
批准部门:中华人民共和国交通部
实施日期:2004 年 10 月 01 日

人 民 交 通 出 版 社

图书在版编目（CIP）数据

公路桥涵养护规范/陕西省公路局，长安大学主编．北京：人民交通出版社，2004.4（重印 2008.1）

ISBN 978-7-114-05025-1

Ⅰ．公… Ⅱ．①陕…②长… Ⅲ．公路桥－养护－规范 Ⅳ．U448.145.7－65

中国版本图书馆 CIP 数据核字（2004）第 027407 号

中华人民共和国行业标准
公路桥涵养护规范
JTG H11—2004
陕西省公路局　主编
责任校对：王静红　责任印制：张　恺
人民交通出版社出版发行
（100011　北京市朝阳区安定门外外馆斜街 3 号）
各地新华书店经销
北京市密东印刷有限公司印刷
开本：880×1230　1/16　印张：8　字数：160 千
2004 年 8 月　第 1 版
2020 年 1 月　第 19 次印刷
定价：40.00 元
ISBN 978-7-114- 05025-1

关于发布《公路桥涵养护规范》(JTG H11—2004)的公告

第 14 号

现发布《公路桥涵养护规范》(JTG H11—2004),自 2004 年 10 月 1 日起施行,原《公路养护技术规范》(JTJ 073—96)中相应内容同时废止。

《公路桥涵养护规范》(JTG H11—2004)由陕西省公路局主编,标准的管理权和解释权归交通部,日常的具体解释和管理工作由陕西省公路局负责。

请各有关单位在实践中注意积累资料，总结经验，及时将发现的问题和修改意见函告陕西省公路局（陕西省西安市含光北路 110 号，邮政编码：710068，网站：http://www.sxhighway.gov.cn),以便修订时参考。

特此公告。

中华人民共和国交通部

二〇〇四年六月二十八日

前　言

《公路养护技术规范》(JTJ 073—96)颁布执行以来,在指导我国公路养护管理工作中发挥了很大作用。“九五”计划实施以来,我国公路呈现超常快速发展的局面,公路的养护管理工作也取得了长足的进步。为了适应新形势的要求,根据部公路工程标准规范体系的要求,将原《公路养护技术规范》中第四章的桥涵养护作为《公路桥涵养护规范》进行修改,单独成册。按交公路发[1996]1085号文下达的任务,其编写工作由陕西省公路局主持长安大学,上海市公路管理处,黑龙江、四川、广东省公路局,西安公路研究所参加。

编写工作从1997年5月开始,9月将评审通过的大纲正式下发。1998年2月形成初稿、1998年10月完成第二稿、1999年底完成第三稿(征求意见稿),由交通部公路司发文在全国交通系统广泛征求意见,根据反馈的意见进行修改后于2000年7月完成第四稿(送审)报部。2001年12月,交通部公路司在宁波主持召开《公路桥涵养护规范》审查会,编写组根据审查意见再次进行修改,于2002年完成编写任务。

为了达到“内容全、技术新、重实用”的要求,编写组广泛收集、整理了各地公路桥涵养护的实践经验,征询各方专家意见,力求本规范能反映出近年来桥涵养护的新技术、新工艺、新材料、新设备及新的研究成果。由于各地的条件差异较大,桥梁技术发展较快,在执行本规范中应注意结合实际特点,并将出现的问题和意见及时函告陕西省公路局(地址:陕西省西安市含光北路110号,邮编:710068,网站:http://www.sxhighway.gov.cn),以便修订时参考。

主 编 单 位:陕西省公路局
参 加 单 位:长安大学
　　　　　　上海市公路管理处
　　　　　　黑龙江省公路局
　　　　　　四川省交通厅公路局
　　　　　　广东省公路局
　　　　　　西安公路研究所
主要起草人:袁雪戡　卫英才　黄平明　金泰丽　宋绍明　舒　森　陈万春
　　　　　　徐　犇　王泳道　徐　爽　王虎全　冯明怀　李子青

目　录

1 总则

1.0.1 为了加强公路桥涵养护管理工作,保持桥涵处于正常使用状态,保证行车畅通、安全,制定本规范。

1.0.2 本规范适用于国道、省道、县道的桥涵养护,其他公路的桥涵养护可参照使用。对于特殊桥梁,可遵循本规范的原则,针对不同情况与要求制定专门养护管理规程。

1.0.3 公路桥涵养护工作的主要内容和基本要求:

1 建立、健全公路桥涵的检查、评定制度。对公路桥涵构造物进行周期性检查,系统地掌握其技术状况,及时发现缺损和相关环境的变化。按桥梁检查结果,对桥梁技术状况进行分类评定,制定相应的养护对策。

2 建立公路桥梁管理系统和公路桥梁数据库,实施桥涵病害监控,实行科学决策。逐步建立特大型桥梁荷载报警系统,地震、洪水和流冰等预防决策系统。

3 公路桥涵养护应做到:桥涵外观整洁,桥面铺装坚实平整、横坡适度,桥头连接顺适,排水畅通,结构完好无损,标志、标线等附属设施齐全完好。

4 桥涵构造物的养护,首先应使原结构保持设计荷载等级的承载要求及设计交通量的通行要求。根据交通发展的需要,也可通过改造和改建来提高承载能力和通行能力。

在确定改造或改建工程方案时,应注意新旧结构之间的关系,充分发挥原有结构的作用。

5 养护作业和工程实施应注意保障车辆、行人的安全通行及环境保护。

6 桥涵构造物养护应有对付洪水、流冰、泥石流和地震等灾害的防护措施,同时备有应急交通方案。

7 新建或改建桥梁交工接养,应有完备的交接手续并提供成套技术资料。特大、大桥应配置养护设施、机具,设置养护工作通道、扶梯、吊杆、平台,设计单位应提供养护技术要点及要求。未配置或配置不能完全满足养护工作需要的,可根据实际需要予以增添。

8 桥涵构造物的检查及技术状况评定、养护对策,维修、加固、改建的竣工验收等有关技术文件,均应按统一格式完整地归入桥梁养护技术档案及数据库。

1.0.4 公路桥涵养护应遵循下列技术政策:

1 公路桥涵养护工作按“预防为主,防治结合”的原则,以桥面养护为中心,以承重部件为重点,加强全面养护。

2 推广应用先进的养护技术和科学的管理方法,改善养护生产手段,提高养护技术水平,大力推广和发展公路桥涵养护机械。

3　公路桥涵的养护按其工程性质、规模大小、技术难易程度划分为小修保养、中修、大修、改建和专项工程五类。

专项抢修工程是指采用临时性措施在最短的时间内恢复交通的工程措施。专项修复工程是指采用永久性措施恢复桥涵原有功能的工程措施。对于阻断交通的桥涵修复工程,应优先安排。

4　桥涵养护工程应重视经济技术方案的比选,并充分利用原有工程材料和原有工程设施,以降低成本。

5　重视环境保护和环境综合治理。

1.0.5　桥涵养护管理工作,除执行本规范的规定外,还应符合国家及行业颁发的有关标准、规范的规定。

2 术语

2.0.1 养护 Maintenance

为保持桥涵及其附属物的正常使用而进行的经常性保养及维修作业;预防和修复桥涵的灾害性损坏及为提高桥涵使用质量和服务水平而进行的改造。

2.0.2 加固 Strengthening of structure

当桥涵构造物局部损坏或承载力不足时进行的修复和补强工程措施。

2.0.3 抢修 Emergency repair of road

当桥涵因水毁等自然灾害及超载、意外事故造成中断交通或严重影响通行的破坏时,所采取的迅速恢复交通的工程措施。

2.0.4 小修保养工程 Routine maintenance

对公路桥涵及其附属构造物进行预防性保养和修补其轻微损坏部分,使其保持完好状态的工程项目。

2.0.5 中修工程 Intermediate maintenance

对公路桥涵及其附属构造物一般性磨损和局部损坏进行定期的修理加固,以恢复原状况的小型工程项目。

2.0.6 大修工程 Heavy maintenance

对桥涵及其附属构造物的较大损坏进行周期性的综合修理,以全面恢复到原设计标准的技术状况,或在原技术等级范围内进行局部改善和个别增建,以逐步提高其通行能力的工程项目。

2.0.7 改建工程 Mad improvement

对桥涵及其附属构造物因不适应交通量、荷载、泄洪要求而提高技术等级,或因公路局部改移需要重建,或为了显著提高通行能力而进行的较大型、大型工程项目。

2.0.8 主桥 Main bridge

多孔桥梁的主要跨段。由设计时根据渲泄设计流量、通航要求或结构构造等确定。

2.0.9 引桥 Approach bridge

桥梁中连接主桥和路堤的部分。

2.0.10 上部结构 Superstructure

桥梁支座以上(无铰拱起拱线或框架底线以上)跨越桥孔部分的总称。

2.0.11 桥面系 Bridge deck system

上部结构中直接承受车辆、人群等荷载并将其传递到主梁(或主拱、主索)的整个桥面构造系统,包括桥面铺装、桥面板、纵梁、横梁及人行道等。

2.0.12 桥面铺装 Bridge deck pavement

用沥青混凝土、水泥混凝土等材料铺装在桥面上的保护层。

2.0.13 下部结构 Substructure

支承桥梁上部结构并将其荷载传递至地基的桥墩、桥台和基础的总称。

2.0.14 调治构造物 Regulating structure

为引导和改变水流方向,使水流平顺通过桥孔并减缓水流对桥位附近河床、河岸的冲刷而修建的水工构造物。

2.0.15 危桥 Dangerous bridge

处于危险状态,不能达到通行安全的桥梁。

3 桥梁检查与评定

3.1 桥梁检查的一般规定

3.1.1 桥梁检查分为经常检查、定期检查和特殊检查。

1 经常检查:主要指对桥面设施、上部结构、下部结构及附属构造物的技术状况进行的检查。

2 定期检查:为评定桥梁使用功能,制定管理养护计划提供基本数据,对桥梁主体结构及其附属构造物的技术状况进行的全面检查,它为桥梁养护管理系统搜集结构技术状态的动态数据。

3 特殊检查:特殊检查是查清桥梁的病害原因、破损程度、承载能力、抗灾能力,确定桥梁技术状况的工作。

特殊检查分为专门检查和应急检查。

1)专门检查:根据经常检查和定期检查的结果,对需要进一步判明损坏原因、缺损程度或使用能力的桥梁,针对病害进行专门的现场试验检测、验算与分析等鉴定工作。

2)应急检查:当桥梁受到灾害性损伤后,为了查明破损状况,采取应急措施,组织恢复交通,对结构进行的详细检查和鉴定工作。

桥梁管养单位应对辖区内所有桥梁建立"桥梁基本状况卡片"(附录 A),将有关信息输入数据库,建立永久性档案。

3.2 经常检查

3.2.1 经常检查的周期根据桥梁技术状况而定,一般每月不得少于一次,汛期应加强不定期检查。

3.2.2 经常检查采用目测方法,也可配以简单工具进行测量,当场填写"桥梁经常检查记录表"(附录 B),现场要登记所检查项目的缺损类型,估计缺损范围及养护工作量,提出相应的小修保养措施,为编制辖区内的桥梁养护(小修保养)计划提供依据。

3.2.3 经常检查中发现桥梁重要部件存在明显缺损时,应及时向上级提交专项报告。

3.2.4 经常检查应包括下列内容:

1 外观是否整洁,有无杂物堆积,杂草蔓生。构件表面的涂装层是否完好,有无损坏、老化变色、开裂、起皮、剥落、锈迹。

2 桥面铺装是否平整,有无裂缝、局部坑槽、积水、沉陷、波浪、碎边;混凝土桥面是否有剥离、渗漏,钢筋是否露筋、锈蚀,缝料是否老化、损坏,桥头有无跳车。

3 排水设施是否良好,桥面泄水管是否堵塞和破损。

4 伸缩缝是否堵塞卡死,连接部件有无松动、脱落、局部破损。

5 人行道、缘石、栏杆、扶手、防撞护栏和引道护栏(柱)有无撞坏、断裂、松动、错位、缺件、剥落、锈蚀等。

6 观察桥梁结构有无异常变形,异常的竖向振动、横向摆动等情况,然后检查各部件的技术状况,查找异常原因。

7 支座是否有明显缺陷,活动支座是否灵活,位移量是否正常。支座的经常检查一般可以每季度一次。

8 桥位区段河床冲淤变化情况。

9 基础是否受到冲刷损坏、外露、悬空、下沉,墩台及基础是否受到生物腐蚀。

10 墩台是否受到船只或漂浮物撞击而受损。

11 翼墙(侧墙、耳墙)有无开裂、倾斜、滑移、沉降、风化剥落和异常变形。

12 锥坡、护坡、调治构造物有无塌陷、铺砌面有无缺损、勾缝脱落、灌木杂草丛生。

13 交通信号、标志、标线、照明设施以及桥梁其他附属设施是否完好。

14 其他显而易见的损坏或病害。

3.3 定期检查

3.3.1 定期检查的时间应符合下列规定:

1 定期检查周期根据技术状况确定,最长不得超过三年。新建桥梁交付使用一年后,进行第一次全面检查。临时桥梁每年检查不少于一次。

2 在经常检查中发现重要部(构)件的缺损明显达到三、四、五类技术状况时,应立即安排一次定期检查。

3.3.2 定期检查以目测观察结合仪器观测进行,必须接近各部件仔细检查其缺损情况。定期检查的主要工作有:

1 现场校核桥梁基本数据(桥梁基本状况卡片,附录A)。

2 当场填写“桥梁定期检查记录表”(附录C),记录各部件缺损状况并做出技术状况评分。

3 实地判断缺损原因,确定维修范围及方式。

4 对难以判断损坏原因和程度的部件,提出特殊检查(专门检查)的要求。

5 对损坏严重、危及安全运行的危桥,提出限制交通或改建的建议。

6 根据桥梁的技术状况,确定下次检查时间。

3.3.3 特大型、大型桥梁的控制检测。

1 设立永久性观测点，定期进行控制检测。控制检测的项目及永久性观测点见表3.3.3。特大型桥梁或特殊桥梁还可根据养护、管理的需要，增加相应的控制检测项目。

表3.3.3 桥梁永久性观测点和检测项目

检测项目		观测点
1	墩、台身、索塔、锚碇的高程	墩、台身底部(距地面或常水位0.5~2m)、桥台侧墙尾部顶面和锚碇的上、下游各1~2点
2	墩、台身、索塔倾斜度	墩、台身底部(距地面或常水位0.5~2m内)的上、下游两侧各1~2点
3	桥面高程	沿行车道两边(靠缘石处)，按每孔跨中、*L*/4、支点等不少于五个位置(10个点)。测点应固定于桥面板上
4	拱桥桥台、悬索桥锚碇水平位移	拱座、锚碇的上、下游两侧各1点
5	悬索桥索卡滑移	索卡处设1点

2 新建桥梁交付使用前，公路管理机构应事先要求桥梁建设单位在竣工时设置便于检测的永久性观测点。大桥、特大桥必须设置永久性观测点。测点的编号、位置(距离、标高和地物特征)和竣工测量数据，均应在竣工图上标明，作为验收文件中必要的竣工资料予以归档。

3 应设而没有设置永久性观测点的桥梁，应在定期检查时按规定补设。测点的布设和首次检测的时间及检测数据等，应按竣工资料的要求予以归档。

4 桥梁主体结构维修、加固或改建前后，必须进行控制测量，以保持观测资料的连续性。若控制点有变动，应及时检测，建立基准数据。

5 桥梁永久性观测点的设置要牢固可靠，当永久控制测点与国家大地测量网联络有困难时，可建立相对独立的基准测量系统。

6 特大、大、中桥墩(台)旁，必要时可设置水尺或标志，以观测水位和冲刷情况。

3.3.4 桥面系构造的检查：

1 桥面铺装层纵、横坡是否顺适，有无严重的裂缝(龟裂、纵横裂缝)、坑槽、波浪、桥头跳车、防水层漏水。

2 伸缩缝是否有异常变形、破损、脱落、漏水，是否造成明显的跳车。

3 人行道构件、栏杆、护栏有无撞坏、断裂、错位、缺件、剥落、锈蚀等。

4 桥面排水是否顺畅，泄水管是否完好、畅通，桥头排水沟功能是否完好，锥坡有无冲蚀、塌陷。

5 桥上交通信号、标志、标线、照明设施是否损坏、老化、失效，是否需要更换。

6 桥上避雷装置是否完善，避雷系统性能是否良好。

7 桥上航空灯、航道灯是否完好，能否保证正常照明。结构物内供养护检修的照明系统是否完好。

8 桥上的路用通信、供电线路及设备是否完好。

3.3.5 钢筋混凝土和预应力混凝土梁桥的检查：

1 梁端头、底面是否损坏，箱形梁内是否有积水，通风是否良好。

2 混凝土有无裂缝、渗水、表面风化、剥落、露筋和钢筋锈蚀，有无碱集料反应引起的整体龟裂现象。混凝土表面有无严重碳化。

3 预应力钢束锚固区段混凝土有无开裂，沿预应力筋的混凝土表面有无纵向裂缝。

4 梁(板)式结构的跨中、支点及变截面处，悬臂端牛腿或中间铰部位，刚构的固结处和桁架节点部位，混凝土是否开裂、缺损和出现钢筋锈蚀。

5 装配式梁桥应注意检查联结部位的缺损状况。

1)组合梁的桥面板与梁的结合部位及预制桥面板之间的接头处混凝土有无开裂、渗水。

2)横向联结构件是否开裂，连接钢板的焊缝有无锈蚀、断裂，边梁有无横移或向外倾斜。

3.3.6 拱桥的检查：

1 主拱圈的拱板或拱肋是否开裂。钢筋混凝土拱有无露筋、钢筋锈蚀。圬工拱桥砌块有无压碎、局部掉块，砌缝有无脱离或脱落、渗水，表面有无苔藓、草木滋生，拱铰工作是否正常。空腹拱的小拱有无较大的变形、开裂、错位，立墙或立柱有无倾斜、开裂。

2 拱上立柱(或立墙)上下端、盖梁和横系梁的混凝土有无开裂、剥落、露筋和锈蚀。中、下承式拱桥的吊杆上下锚固区的混凝土有无开裂、渗水，吊杆锚头附近有无锈蚀现象，外罩是否有裂纹，锚头夹片、楔块是否发生滑移，吊杆钢索有无断丝。采用型钢或钢管混凝土芯的劲性骨架拱桥，混凝土是否沿骨架出现纵向或横向裂缝。

3 拱的侧墙与主拱圈间有无脱落，侧墙有无鼓突变形、开裂，实腹拱拱上填料有无沉陷。肋拱桥的肋间横向联结是否开裂、表面剥落、钢筋外露、锈蚀等。

4 双曲拱桥拱肋间横向联结拉杆是否松动或断裂，拱波与拱肋结合处是否开裂、脱开，拱波之间砂浆有无松散脱落，拱波顶是否开裂、渗水等。

5 薄壳拱桥壳体纵、横向及斜向是否出现裂缝及系杆是否开裂。

6 系杆拱的系杆是否开裂，无混凝土包裹的系杆是否有锈蚀。

7 钢管混凝土拱桥裸露部分的钢管及构件检查参见钢桥检查有关内容，同时还应检查管内混凝土是否填充密实。

3.3.7 钢桥的检查：

1 构件(特别是受压构件)是否扭曲变形、局部损伤。

2 铆钉和螺栓有无松动、脱落或断裂，节点是否滑动、错裂。

3 焊缝边缘(热影响区)有无裂纹或脱开。

4 油漆层有无裂纹、起皮、脱落，构件有无锈蚀。

5 钢箱梁封闭环境中的湿度是否符合要求，除湿设施是否工作正常。

3.3.8 通道、跨线桥与高架桥的检查：

通道、跨线桥与高架桥的结构检查同其他一般公路桥梁。通道还应检查通道内有无积水，机械排水的泵站是否完好，排水系统是否畅通。跨线桥、高架桥还应检查防抛网、隔音墙是否完好。通道、跨线桥与高架桥下的道面是否完好，有无非法占用情况等。

3.3.9 悬索桥和斜拉桥的检查：

1 检查索塔高程、塔柱倾斜度、桥面高程及梁体纵向位移，注意是否有异常变位。

2 检测索体振动频率、索力有无异常变化，索体振动频率观测应在多种典型气候下进行。每观测周期不超过6年。

3 主梁或加劲梁的检查，按预应力混凝土及钢结构的相应要求进行。

4 悬索桥的锚碇及锚杆有无异常的拔动，锚头、散索鞍有无锈蚀破损，锚室（锚洞）有无开裂、变形、积水，温湿度是否符合要求。

5 主缆、吊杆及斜拉索的表面封闭、防护是否完好，有无破损、老化。

6 悬索桥的索鞍是否有异常的错位、卡死、辊轴歪斜，构件是否有锈蚀、破损，主缆索跨过索鞍部分是否有挤扁现象。

7 悬索桥吊杆上端与主缆索的索夹是否有松动、移位和破损，下端与梁连接的螺栓有无松动。

8 逐束检测索体是否开裂、鼓胀及变形，必要时可剥开护套检查索内干湿情况和钢索的锈蚀情况。检查后应做好保护套剥开处的防护处理。

9 逐个检查锚具及周围混凝土的情况，锚具是否渗水、锈蚀，是否有锈水流出的痕迹，周围混凝土是否开裂。必要时可打开锚具后盖抽查锚杯内是否积水、潮湿，防锈油是否结块、乳化失效，锚杯是否锈蚀。

10 逐个检查索端出索处钢护筒、钢管与索套管连接处的外观情况。检查钢护筒是否松动脱落、锈蚀、渗水，抽查连接处钢护筒内防水垫圈是否老化失效，筒内是否潮湿积水。

11 索塔的爬梯、检查门、工作电梯是否可靠安全，塔内的照明系统是否完好。

3.3.10 支座的检查：

1 支座组件是否完好、清洁，有无断裂、错位、脱空。

2 活动支座是否灵活，实际位移量是否正常，固定支座的锚销是否完好。

3 支承垫石是否有裂缝。

4 简易支座的油毡是否老化、破裂或失效。

5 橡胶支座是否老化、开裂，有无过大的剪切变形或压缩变形，各夹层钢板之间的橡胶层外凸是否均匀。

6 四氟滑板支座是否脏污、老化，四氟乙烯板是否完好，橡胶块是否滑出钢板。

7 盆式橡胶支座的固定螺栓是否剪断，螺母是否松动，钢盆外露部分是否锈蚀，防尘罩是否完好。

8 组合式钢支座是否干涩、锈蚀,固定支座的锚栓是否紧固,销板或销钉是否完好。

9 摆柱支座各组件相对位置是否准确,受力是否均匀。

10 辊轴支座的辊轴是否出现不允许的爬动、歪斜。

11 摇轴支座是否倾斜。

12 钢筋混凝土摆柱支座的柱体有无混凝土脱皮、开裂、露筋,钢筋及钢板有无锈蚀。

3.3.11 墩台与基础的检查:

1 墩台及基础有无滑动、倾斜、下沉或冻拔。

2 台背填土有无沉降或挤压隆起。

3 混凝土墩台及帽梁有无冻胀、风化、开裂、剥落、露筋等。

4 石砌墩台有无砌块断裂、通缝脱开、变形,砌体泄水孔是否堵塞,防水层是否损坏。

5 墩台顶面是否清洁,伸缩缝处是否漏水。

6 基础下是否发生不许可的冲刷或淘空现象,扩大基础的地基有无侵蚀。桩基顶段在水位涨落、干湿交替变化处有无冲刷磨损、颈缩、露筋,有无环状冻裂,是否受到污水、咸水或生物的腐蚀。必要时对大桥、特大桥的深水基础应派潜水员潜水检查。

3.3.12 调治构造物是否完好,功能是否适用,桥位段河床是否有明显的冲淤或漂浮物堵塞现象。

3.3.13 桥梁检查中发现的各种缺损均应在现场用油漆等将其范围及日期标记清楚。发现三类以上桥梁及有严重缺损和难以判明损坏原因和程度的桥梁,应作影像记录,并附病害状况说明。

3.3.14 桥梁定期检查后应提出下列文件:

1 桥梁定期检查数据表。当天检查的桥梁现场记录,应在次日内整理成每座桥梁定期检查数据表。

2 典型缺损和病害的照片及说明。缺损状况的描述应采用专业标准术语,说明缺损的部位、类型、性质、范围、数量和程度等。

3 两张总体照片。一张桥面正面照片,一张桥梁上游侧立面照片。桥梁改建后应重新拍照一次。如果桥梁拓宽改造后,上下游桥梁结构不一致,还要有下游侧立面照片,并标注清楚。

4 桥梁清单。

5 桥梁基本状况卡片。定期检查完成后,应将本次检查的桥梁各部件技术状况评定结果登记在桥梁基本状况卡片内。

6 定期检查报告。该报告应包括下列内容:

1)辖区内所有桥梁的保养小修情况。

2)需要大中修或改建的桥梁计划,说明修理的项目,拟用的修理方案,估计费用和实施时间。

3)要求进行特殊检查桥梁的报告,说明检验的项目及理由。

4)需限制桥梁交通的建议报告。

3.4 特殊检查

3.4.1 特殊检查应委托有相应资质和能力的单位承担。

3.4.2 在下列情况下应作特殊检查:

以下四种情况应作专门检查:

1 定期检查中难以判明损坏原因及程度的桥梁。

2 桥梁技术状况为四、五类者。

3 拟通过加固手段提高荷载等级的桥梁。

4 条件许可时,特殊重要的桥梁在正常使用期间可周期性进行荷载试验。

桥梁遭受洪水、流冰、滑坡、地震、风灾、漂流物或船舶撞击,因超重车辆通过或其他异常情况影响造成损害时,应进行应急检查。

3.4.3 特殊检查应根据桥梁的破损状况和性质,采用仪器设备进行现场测试、荷载试验及其他辅助试验,针对桥梁现状进行检算分析,形成鉴定结论。

3.4.4 实施专门检查前,承担单位负责检查的工程师应充分收集资料,包括设计资料(设计文件、计算所用的程序、方法及计算结果)、竣工图、材料试验报告、施工记录、历次桥梁定期检查和特殊检查报告,以及历次维修资料等。原资料如有不全或疑问时,可现场测绘构造尺寸,测试构件材料组成及性能,勘查水文地质情况等。

3.4.5 桥梁特殊检查应根据需要对以下三个方面问题做出鉴定:

1 桥梁结构材料缺损状况。包括对材料物理、化学性能退化程度及原因的测试鉴定;结构或构件开裂状态的检测及评定。

2 桥梁结构承载能力。包括对结构强度、稳定性和刚度的检算、试验和鉴定。

3 桥梁防灾能力。包括桥梁抵抗洪水、流冰、风、地震及其他地质灾害等能力的检测鉴定。

3.4.6 桥梁结构材料缺损状况鉴定,可根据鉴定要求和缺损的类型、位置,选择表面测量、无破损检测和局部取试样等有效可靠的方法。试样应在有代表性构件的次要部位获取。

3.4.7 桥梁结构检算及承载力试验应按国家及行业有关标准和技术规范进行。

3.4.8 桥梁抗灾能力鉴定一般采用现场测试与检算的方法,特别重要的桥梁可进行模拟试验。

3.4.9 原设计条件已经变化的,所有鉴定都应针对当时桥梁的实际状况,不能套用原设计的资料数据。

3.4.10 特殊检查报告包括下列主要内容:

1 概述检查的一般情况。包括桥梁的基本情况、检查的组织、时间、背景和工作过程等。

2 描述目前的桥梁技术状况。包括现场调查、试验与检测的项目及方法、检测数据与分析结果和桥梁技术状况评价等。

3 详细叙述检查部位的损坏程度及原因,并提出结构部件和总体的维修、加固或改建的建议方案。

3.5 桥梁评定

3.5.1 一般规定

桥梁评定分为一般评定和适应性评定。

1 一般评定是依据桥梁定期检查资料,通过对桥梁各部件技术状况的综合评定,确定桥梁的技术状况等级,提出各类桥梁的养护措施。

2 桥梁适应性评定包括以下内容:依据桥梁定期及特殊检查资料,结合试验与结构受力分析,评定桥梁的实际承载能力、通行能力、抗洪能力,提出桥梁养护、改造方案。

3 一般评定由负责定期检查者进行,适应性评定应委托有相应资质及能力的单位进行。

3.5.2 一般评定

全桥总体技术状况等级评定,宜采用考虑桥梁各部件权重的综合评定方法。亦可按重要部件最差的缺损状况评定,或对照桥梁技术状况评定标准(表3.5.2-3)进行评定。

1 桥梁各部件技术状况的评定方法如下:

1)根据缺损程度(大小、多少或轻重)、缺损对结构使用功能的影响程度(无、小、大)和缺损发展变化状况(趋向稳定、发展缓慢、发展较快)等三个方面,以累加评分方法对各部件缺损状况做出等级评定。评定方法见表3.5.2-1。

2)重要部件(如墩台与基础、上部承重构件、支座)以其中缺损最严重的构件评分;其他部件,根据多数构件缺损状况评分。

3)推荐的各部件权重见表3.5.2-2。各地区也可根据本地区的环境条件和养护要求,采用专家评估法修订各部件的权重。

表 3.5.2-1　桥梁部件缺损状况评定方法

缺损状况及标度			组合评定标度					
缺损程度及标度		程度	小→大 少→多 轻度→严重					
		标度		0	1	2		
缺损对结构使用功能的影响程度	无、不重要	0				0	1	2
	小、次要	+1				1	2	3
	大、重要	+2				2	3	4
以上两项评定组合标度				0	1	2	3	4
缺损发展变化状况的修正	趋向稳定	−1			0	1	2	3
	发展缓慢	0			1	2	3	4
	发展较快	+1		1	2	3	4	5
最终评定结果			0	1	2	3	4	5
桥梁技术状况及分类			完好	良好	较好	较差	差的	危险
			一类		二类	三类	四类	五类

注："0"表示完好状态，或表示没有设置的构造部件。当缺损程度标度为"0"时，不再进行叠加；"5"表示危险状态，或表示原未设置，而调查表明需要补设的部件。

表 3.5.2-2　推荐的桥梁各部件权重及综合评定方法

部件	部件名称	权重 W_i	桥梁技术状况评定方法
1	翼墙、耳墙	1	(1)综合评定采用下列计算式： $D_r = 100 - \sum_{i=1}^{n} R_i W_i / 5$ 式中：R_i——按表 3.5.2-1 方法对各部件确定的评定标度(0～5)； W_i——各部件权重，$\sum W_i = 100$； D_r——全桥结构技术状况评分(0～100)；评分高表示结构状况好，缺损少。 (2)评定分类采用下列界限 $D_r \geqslant 88$ 一类 $88 > D_r \geqslant 60$ 二类 $60 > D_r \geqslant 40$ 三类 $40 > D_r$ 四类、五类 $D_r \geqslant 60$ 的桥梁，并不排除其中有评定标度 $R_i \geqslant 3$ 的部件，仍有维修的需要
2	锥坡、护坡	1	
3	桥台及基础	23	
4	桥墩及基础	24	
5	地基冲刷	8	
6	支座	3	
7	上部主要承重构件	20	
8	上部一般承重构件	5	
9	桥面铺装	1	
10	桥头与路堤连接部	3	
11	伸缩缝	3	
12	人行道	1	
13	栏杆、护栏	1	
14	灯具、标志	1	
15	排水设施	1	
16	调治构造物	3	
17	其他	1	

2　桥梁技术状况评定等级分为一类、二类、三类、四类、五类。桥梁总体及部件技术状况评定标准见表 3.5.2-3。

表 3.5.2-3 桥梁技术状况评定标准

	一 类	二 类	三 类	四 类	五 类
总体评定	完好、良好状态 1.重要部件功能与材料均良好; 2.次要部件功能良好,材料有少量(3%以内)轻度缺损或污染; 3.承载能力和桥面行车条件符合设计指标	较好状态 1.重要部件功能良好,材料有局部(3%以内)轻度缺损或污染,裂缝宽小于限值; 2.次要部件有较多(10%以内)中等缺损或污染; 3.承载能力和桥面行车条件达到设计指标	较差状态 1.重要部件材料有较多(10%以内)中等缺损,裂缝宽超限值,或出现轻度功能性病害,但发展缓慢,尚能维持正常使用功能; 2.次要部件有大量(10%~20%)严重缺损,功能降低,进一步恶化将不利于重要部件和影响正常交通; 3.承载能力比设计降低10%以内,桥面行车不舒适	差的状态 1.重要部件材料有大量(10%~20%)严重缺损,裂缝宽超限值,风化、剥落、露筋、锈蚀严重,或出现轻度功能性病害,且发展较快。结构变形小于或等于规范值,功能明显降低; 2.次要部件有20%以上的严重缺损,失去应有功能,严重影响正常交通; 3.承载能力比设计降低10%~25%	危险状态 1.重要部件出现严重的功能性病害,且有继续扩张现象,关键部位的部分材料强度达到极限,出现部分钢筋断裂、混凝土压碎或杆件失稳变形的破损现象,变形大于规范值,结构的强度、刚度、稳定性和动力响应不能达到平时交通安全通行的要求; 2.承载能力比设计降低25%以上
墩台与基础	1.墩台各部分完好; 2.基础及地基状况良好	1.墩台基本完好; 2.3%以内的表面有风化、麻面、短细裂缝,缝宽小于限值,砌体灰缝脱落; 3.表面长有青苔、杂草; 4.基础无冲蚀现象	1.墩台3%~10%的表面有各种缺损,裂缝宽超限值,有风化、剥落、露筋、锈蚀现象;砌体灰缝脱落,局部变形等; 2.出现轻微的下沉、倾斜、滑动等现象,发展缓慢或趋向稳定; 3.基础有局部冲蚀现象,桩基顶段被磨损	1.墩台10%~20%的表面有各种缺损,裂缝宽而密,剥落、露筋、锈蚀严重,砌体大面积松动、变形; 2.墩台出现下沉、倾斜、滑动、冻拔现象,变形小于或等于规范值。台背填土有沉降裂缝或挤压隆起,变形发展较快; 3.基础冲刷大于设计值,基底冲空面在10%~20%以内。桩基顶段被侵蚀、露筋、缩颈,或有环状冻裂,木桩腐蚀、蛀蚀严重	1.墩台不稳定,下沉、倾斜、滑动、冻拔现象严重,变形大于规范值,造成上部结构和桥面变形过大,不能正常行车; 2.墩台、桩基出现结构性裂缝,裂缝宽度超过限值; 3.基底冲刷深度大于设计值,冲空面达20%以上。地基承载力降低,桥台岸坡滑移
支座	1.各部分清洁完好,位置正确; 2.支座工作状态正常	1.支座有尘土堆积、略有腐蚀; 2.支座滑动面干涩	1.钢支座固定螺栓松动,锈蚀严重; 2.橡胶支座开始老化; 3.混凝土支座有剥落、露筋、锈蚀现象	1.钢支座的组件出现断裂; 2.橡胶支座老化开裂; 3.混凝土支座碎裂; 4.活动支座坏死,不能活动; 5.支座上下错位过大,有倾倒脱落的危险	支座错位、变形、破损严重,已失去正常支承功能,使上下部结构受到异常约束,造成支承部位的缺损和桥面的不平顺

续上表

	一　类	二　类	三　类	四　类	五　类
砖、石、混凝土上部结构	1.结构完好，无渗水，无污染； 2.次要部位有少量短细裂纹，裂纹宽度小于限值	1.结构基本完好； 2.3%以内的表面有风化、麻面、短细裂缝，缝宽小于限值，砌体灰缝脱落； 3.上下游侧表面有水迹污染，砌体滋生杂草	1.结构3%～10%的表面有各种缺损，裂缝宽超限值，有风化、剥落、露筋、锈蚀，桥面板裂缝渗水； 2.石砌拱桥砌体灰缝脱落，局部松动、外鼓； 3.横向联接件断裂、脱焊或松动，边梁或边拱肋有横移或外倾迹象	1.结构10%～20%的表面有各种缺损，重点部位出现接近全截面的开裂，裂缝宽超限值，顺主筋方向有纵向裂缝，钢筋锈蚀和混凝土剥落严重，桥面开裂渗水严重，砌体有较大松动、变形； 2.结构存在明显的永久变形，变形小于或等于规范值，桥面竖向成波形	1.结构永久变形大于规范值； 2.重点部分出现全截面开裂，裂缝宽度超过限值，部分钢筋屈服或断裂，混凝土压碎。主拱圈出现四铰，成不稳定结构； 3.受压构件有严重的横向扭曲变形； 4.承载能力比设计降低25%以上
钢结构	1.各部件及焊缝均完好； 2.各节点铆钉、螺栓无松动； 3.各部分油漆均匀、完整，色泽鲜明	1.各部件完好，焊缝无开焊； 2.少数节点有个别铆钉、螺栓松动变形； 3.油漆变色、起泡剥落，面积在10%以内	1.个别次要构件有局部变形，焊缝有裂纹； 2.联接铆钉、螺栓损坏在10%以内； 3.油漆失效面积在10%～20%之间	1.个别主要构件有扭曲变形、损伤裂纹、开焊、严重锈蚀； 2.联接铆钉、螺栓损坏在10%～20%之间； 3.油漆失效面积在20%以上	1.主要构件有严重扭曲变形、开焊，锈蚀削弱截面10%以上，钢材变质，强度性能恶化。油漆失效面积在50%以上； 2.节点板及联结铆钉、螺栓损坏在20%以上； 3.结构永久变形大于规范值； 4.结构振动或摆动过大，行车和行人有不安全感
人行道栏杆	完整清洁，无松动，少数构件局部有细裂纹、麻面	个别构件破损、脱落，3%以内构件有松动、开裂、剥落和污染	10%以内构件有松动、开裂、剥落、露筋、锈蚀、破损、脱落	10%～20%构件严重损坏、错位、变形、脱落、残缺	
桥面铺装、伸缩缝	1.铺装层完好、平整、清洁，或有个别细裂缝； 2.防水层完好、泄水管完好、畅通； 3.伸缩缝完好、清洁； 4.桥头平顺，无跳车现象	1.铺装层10%以内的表面有纵横裂缝、浅坑槽、波浪； 2.防水层基本完好；泄水管堵塞，周围渗水； 3.伸缩缝局部破损； 4.桥头轻度跳车，台背路面下沉在2cm以内	1.铺装层10%～20%的表面有严重的龟裂、深坑槽、波浪； 2.桥面板接缝处防水层断裂渗水，泄水管破损、脱落； 3.伸缩缝普遍缺损； 4.桥头跳车明显，台背路面下沉2～5cm	1.铺装层20%以上表面有严重的破坏，桥面普遍坑洼不平、积水； 2.防水层老化失效，普遍断裂、渗水，泄水管脱落，泄水孔堵塞； 3.伸缩缝严重破损、失效，难以修补； 4.桥头跳车严重，台背路面下沉大于5cm	

续上表

	一 类	二 类	三 类	四 类	五 类
调治构造物	1.构造设置合理,功能正常; 2.构造物完好	1.构造功能基本正常; 2.构造物局部断裂,砌体松动、变形	1.构造本身抗洪能力不足,基础局部冲蚀; 2.构造物20%以内出现下沉、倾斜、局部坍塌	1.构造本身抗洪能力太低,基础冲蚀严重; 2.构造物20%以上被破坏,部分丧失功能或功能下降	
翼(耳)墙、锥(护)坡	1.翼(耳)墙完好无损,清洁; 2.锥(护)坡完好,无垃圾堆积,无草木滋生; 3.桥头排水沟和行人台阶完好	1.翼(耳)墙出现个别裂缝,缝宽小于限值,局部剥落,砌体灰缝脱落,面积在10%以内; 2.锥(护)坡局部塌陷,铺砌缺损,垃圾堆积,草木丛生; 3.桥头排水沟堵塞不畅通,行人台阶局部塌落	1.翼墙断裂与桥台前墙脱开,但无明显外倾、下沉,砌体灰缝脱落、局部松动外鼓,面积小于20%; 2.锥(护)坡出现大面积塌陷,铺砌缺损,形成冲沟或积水坑,坡脚有局部冲蚀; 3.桥头排水沟和行人台阶损坏,功能降低	1.翼墙断裂、下沉、外倾失稳,砌体变形,部分严重倒塌; 2.锥(护)坡体和坡脚冲蚀严重,有滑移、坍塌,坡顶下降较大,作用明显减小; 3.桥头排水沟和行人台阶全部损坏,几乎消失	
照明、标志、附属设施	完好无缺,布置合理	照明灯泡坏,灯柱锈蚀,标志不正、脱落,附属设施基本完好	灯柱歪斜不正,灯具损坏,标志倾斜损坏,附属设施需保养维修	照明线老化破断或短路,灯柱、灯具残缺不齐,标志损失严重,附属设施需维修与更换	

3 梁、拱、墩台裂缝的最大限值规定如表3.5.2-4。裂缝超过表列数值时应进行修补或加固,以保证结构的耐久性。

表3.5.2-4 裂缝限值

结构类型	裂缝种类	允许最大缝宽(mm)	其他要求
钢筋混凝土梁	主筋附近竖向裂缝	0.25	
	腹板斜向裂缝	0.30	
	组合梁结合面	0.50	不允许贯通结合面
	横隔板与梁体端部	0.30	
	支座垫石	0.50	
预应力混凝土梁	梁体竖向裂缝	不允许	
	梁体纵向裂缝	0.20	
砖、石、混凝土拱	拱圈横向	0.30	裂缝高度小于截面高度一半
	拱圈纵向	0.50	裂缝长度小于跨径的1/8
	拱波与拱肋结合处	0.20	

续上表

<table>
<tr><th>结构类型</th><th colspan="3">裂 缝 种 类</th><th>允许最大缝宽(mm)</th><th>其 他 要 求</th></tr>
<tr><td rowspan="7">墩台</td><td colspan="3">墩台帽</td><td>0.30</td><td rowspan="7">不允许贯通墩身截面一半</td></tr>
<tr><td rowspan="5">墩台身</td><td rowspan="2">经常受浸蚀性水影响</td><td>有筋</td><td>0.20</td></tr>
<tr><td>无筋</td><td>0.30</td></tr>
<tr><td rowspan="2">常年有水,但无浸蚀性水影响</td><td>有筋</td><td>0.25</td></tr>
<tr><td>无筋</td><td>0.35</td></tr>
<tr><td colspan="2">干沟或季节性有水河流</td><td>0.40</td></tr>
<tr><td colspan="3">有冻结作用部分</td><td>0.20</td></tr>
</table>

注:表中所列除特指外适用于一般条件。对于潮湿环境和空气中含有较强腐蚀性气体条件下的缝宽限制应要求严格一些。预应力混凝土梁指全预应力或部分预应力A类结构。

3.5.3 桥梁适应性评定

对桥梁的承载能力、通行能力、抗洪能力应周期性地进行评定。评定周期一般为3~6年。评定工作可与桥梁的定期检查、特殊检查结合进行。

承载能力、通行能力的评定一般采用现行荷载标准及交通量,也可考虑使用期预测交通量。承载能力、通行能力评定方法见《公路旧桥承载力评定规程》。抗洪能力评定的具体要求见本规范第11章。

3.5.4 养护对策

1 对一般评定划定的各类桥梁,分别采取不同的养护措施:

一类桥梁进行正常保养;二类桥梁需进行小修;三类桥梁需进行中修,酌情进行交通管制;四类桥梁需进行大修或改造,及时进行交通管制,如限载、限速通过,当缺损较严重时应关闭交通;五类桥梁需要进行改建或重建,及时关闭交通。

2 对适应性不能满足的桥梁,应采取提高承载力、加宽、加长、基础防护等改造措施。若整个路段有多座桥梁的适应性不能满足,应结合路线改造进行方案比较和决策。

4 桥梁上部结构养护

4.1 桥面系的养护与维修

4.1.1 桥面铺装

1 桥面应经常清扫,排除积水,清除泥土、杂物、冰棱和积雪,保持桥面平整、清洁。

2 沥青混合料桥面出现泛油、拥包、裂缝、波浪、坑槽、车辙等病害时,应及时处治。当损坏面积较小时,可局部修补;损坏面积较大时,可将整跨铺装层凿除,重铺新的铺装层。一般不应在原桥面上直接加铺,以免增加桥梁恒载。

3 水泥混凝土桥面出现断缝、拱胀、错台、起皮、露骨等病害时,应及时处理。损坏面积较大时,应将原铺装整块或整跨凿除,重铺新的铺装层。

4 桥面防水层如有损坏,应及时修复。

4.1.2 排水系统

1 桥面的泄水管、排水槽如有堵塞,应及时疏通,并经常保持畅通。

2 桥面应保持大于1.5%的横坡,以利于桥面排水。

3 桥梁上设置的封闭式排水系统,应保持各排水管道畅通,排水系统的设备如水泵等应工作正常,若有堵塞应及时疏通,若有损坏则应及时更换。

4.1.3 人行道、栏杆、护栏、防撞墙

1 人行道块件应牢固、完整,桥面路缘石应经常保持完好状态。若出现松动、缺损应及时进行修整或更换。

2 桥梁栏杆应经常保持完好状态。栏杆柱应竖立正直,扶手应无损坏、断裂,伸缩缝处的水平杆件应能自由伸缩。栏杆柱、扶手如有缺损,应及时补齐。因栏杆损坏而采用临时防护措施时,使用时间不得超过三个月。

3 钢筋混凝土栏杆开裂严重或混凝土剥落,应凿除损坏部分,修补完整。

4 钢质栏杆应涂漆防锈,一般每年一次。

5 护栏、防撞墙应牢固、可靠,若有损坏应及时修理或更换。钢护栏与钢筋混凝土护栏上的外露钢构件应定期涂漆防锈,一般每年一次。

6 桥梁两端的栏杆柱或防撞墙端面,涂有立面标记或示警标志的,应定期涂刷,一般一年一次,使油漆颜色保持鲜明。

4.1.4 桥上灯柱应保持完好状态,如有缺损和歪斜,应及时修理、扶正。灯具损坏应及

时更换,保证夜间照明。

4.1.5 伸缩装置

1 应经常清除缝内积土、垃圾等杂物,使其发挥正常作用,若有损坏或功能失效应及时修理或更换。

2 以下几种伸缩装置出现下列病害时,应及时进行更换。

1)U形锌铁皮伸缩装置的锌铁皮老化、开裂、断裂。

2)钢板伸缩装置或锯齿钢板伸缩装置的钢板变形,螺栓脱落,伸缩不能正常进行。

3)橡胶条伸缩装置的橡胶条老化、脱落,固定角钢变形、松动。

4)板式橡胶伸缩装置的橡胶板老化开裂,预埋螺栓松脱,伸缩失效。

3 更换的伸缩装置应选型合理,伸缩量应满足桥跨结构变形需要,安装应牢固、平整、不漏水。

4 维修或更换伸缩装置时,应采取措施维持交通。

4.1.6 桥头搭板脱空、断裂或枕梁下沉引起桥路连接不顺适,出现桥头跳车时,应进行维修处理。

4.1.7 标志、标线和交通安全设施

1 桥上的交通标志应齐全、醒目、牢固,标志板应保持整洁、无裂纹和残缺。若有损坏应及时整修。

2 交通标线应经常保持完好、清晰,定期进行标线重涂。

3 桥上的防眩板应保持齐全、整洁,若有损坏应及时整修。

4 桥上的防护隔离设施应完整、牢固,若有损坏应及时修理。

5 桥上设置的航空灯、航道灯及供电线路、通信线路必须保持完好状态,如有损坏应立即修复。避雷设备要经常保持完好,接地电阻要符合要求,接地线附近禁止堆放物品,禁止挖取接地线的覆土。

4.1.8 用于桥梁观测的标点、传感器、接线等应保持完好。如有损坏或故障应及时维修。

4.2 钢筋混凝土梁桥的养护与加固

4.2.1 日常养护与维修

1 钢筋混凝土梁桥日常养护维修内容:清除表面污垢;修补混凝土空洞、破损、剥落、表面风化以及裂缝;清除暴露钢筋的锈渍、恢复保护层;处理各种横、纵向构件的开裂、开焊和锈蚀。

保持箱梁的箱内通风,未设通风孔的应补设。梁体的污垢宜用清水洗刷,不得使用有

腐蚀性的化学清洗剂。

2　钢筋混凝土梁桥常见病害及采用的处理方法:

1)对梁(板)体混凝土的空洞、蜂窝、麻面、表面风化、剥落等应先将松散部分清除,再用高强度等级混凝土、水泥砂浆或其他材料进行修补。新补的混凝土要密实,与原结构应结合牢固、表面平整。新补的混凝土必须实行养生。

2)梁体若发现露筋或保护层剥落,应先将松动的保护层凿去,并清除钢筋锈迹,然后修复保护层。如损坏面积不大可用环氧砂浆修补,如损坏面积过大可用喷射高强度等级水泥砂浆的方法修补。

3)梁(板)体的横、纵向联结件开裂、断裂、开焊,可采取更换、补焊、帮焊等措施修补。

4)钢筋混凝土梁桥的裂缝处理:当裂缝的宽度大于限值及裂缝分布超出正常范围时,应作处理。钢筋混凝土梁的裂缝最大限值见前表3.5.2-4。

当裂缝宽度在限值范围内时,可进行封闭处理,一般涂刷环氧树脂胶。

当裂缝宽度大于限值规定时,应采用压力灌浆法灌注环氧树脂胶或其他灌缝材料。

当裂缝发展严重时,应加强观测,查明原因,按照本规范的有关规定进行加固处理。

3　空气、雨水、河流水中含有对混凝土和钢筋有侵蚀的化学成分时,应对桥梁结构进行防护。

4　钢筋混凝土构件的修补。

1)在昼夜平均气温低于5℃的冬季维修桥梁时,对修补的混凝土构件应采取保温措施,保证混凝土的凝固硬化。

2)用于修补加固的混凝土、钢材,其强度和其他质量指标应不低于原桥材料。修补用的混凝土强度等级应比原强度等级提高一级,在pH值小于5.6的地区,所用水泥应根据环境特点采用耐酸的硅酸盐水泥、抗铝硅酸盐水泥等。

3)受拉区修补用的混凝土宜用环氧树脂配制,受压区修补用的混凝土可用膨胀水泥配制。用水泥混凝土或砂浆修补的构件应加强养生,有条件时宜用蒸汽养生或封闭养生。

4.2.2　加固方法及适用范围

梁桥加固可以采用以下几种方法:

1　浇筑钢筋混凝土加大截面加固法。用于加强构件,应注意在加大截面时自重也相应增加了。

2　增加钢筋加固法。用于加强构件,常与方法1共同使用。

3　粘贴钢板加固法。是普遍采用的方法,钢板与原结构必须可靠连接,并作防锈处理。

4　粘贴碳纤维、特种玻璃纤维加固法。主要用于提高构件抗弯承载力。使用此法加固几乎不增加原结构自重。

5　预应力加固法。对于提高构件强度、控制裂缝和变形的作用较好。

6　改变梁体截面形式加固法。一般是将开口的T形截面或Ⅱ形截面转换成箱形截面。

7　增加横隔板加固法。用于无中横隔或少中横隔梁的加固,可增加桥梁整体刚度、调整荷载横向分配。

8　在桥下净空和墩台基础受力许可的条件下,采用在梁(板)底下加八字支撑加固法。

9　桥梁结构由简支变连续加固法。

10　当支座设置不当造成梁体受力恶化时,可采用调整支座标高的加固方法。

11　更换主梁加固法。

12　其他可靠有效的加固法。

4.3　预应力混凝土梁桥的养护与加固

4.3.1　日常养护与维修

1　预应力混凝土梁桥日常养护维修范围及内容见4.2.1条,此外应对预应力锚固区的破损及开裂、沿预应力钢束纵向的开裂进行修补。

2　预应力混凝土梁桥常见病害:

1)混凝土表面剥落、渗水,梁角破碎、露筋,钢筋锈蚀、局部破损等。

2)预应力钢束应力损失造成的病害。

3)预应力混凝土梁出现裂缝。全预应力及部分预应力A类构件正常使用条件下不允许出现裂缝,只有B类构件允许出现裂缝。裂缝的类型除了同于钢筋混凝土梁桥外,还有沿预应力钢束的纵向裂缝,锚固区局部承压的劈裂缝。

3　常见病害的维修同钢筋混凝土梁桥。对于不允许出现裂缝的桥梁,不论裂缝宽窄,都应查明原因进行处理或加固。

4.3.2　预应力混凝土梁桥的加固方法。

1　预应力混凝土梁桥的一般加固方法及适用范围参见4.2.2条。

2　因为预应力部分失效而进行加固时,若原结构有预留孔,可在预留孔内穿钢束进行张拉;采用无粘结钢束的可对原钢束重新张拉;或增设齿板,增加体外束进行张拉。

3　腹板抗剪切强度不够时,可采用加竖向预应力加固。

4.4　拱桥的养护与加固

4.4.1　日常养护与维修

1　经常清除表面污垢及圬工砌体因渗水而在表面附着的游离物。

2　经常疏通泄水管孔,保持桥面及实腹拱拱腔排水畅通。如发现拱桥桥面漏水应及时修补,空腹拱的主拱圈(肋)若发现渗水,应对拱背进行清理,清除可能积水的残渣、堆积物等,并用砂浆等材料抹平或堵塞裂缝。实腹拱若发现主拱圈渗水,应检查拱腔排水系统,必要时可挖开拱上填料,修补防水层,修理排水管道。

3　主拱及拱式腹拱的拱铰及变形缝应保持正常工作状态。清除弧面铰及变形缝内嵌入的杂物,保持能自由转动、变形。填缝材料如油毛毡,浸渍沥青的木板等,如有损坏应及时更换。

4 构件表面缺陷及局部损坏的修补,主要有以下几类:

1)圬工砌体的边角压碎、砌块断裂,干砌石拱桥砌缝张口等,可用水泥砂浆修补。若个别块体压碎或脱落,应用新的块体填塞更换,更换时应保证嵌挤或填塞紧密。砌缝砂浆若发生脱离,应凿除后重新用干硬性砂浆或微膨胀砂浆填筑,表面重新勾缝。

2)钢筋混凝土拱构件的表面缺损与裂缝修补参见4.2钢筋混凝土梁桥有关部分。

3)钢管混凝土拱钢构件表面的防锈涂层应保持完好,并定期重涂,养护工作参照4.5钢桥有关部分。

4)实腹拱的侧墙若发生较大变形、开裂,应查明原因并作相应处理。若是填料不实,或拱腔积水,应挖开拱上填料,修补防排水系统,拆除鼓凸部分侧墙后重新砌筑,重新回填拱上填料及重做路面,也可酌情换用轻质填料或加大侧墙尺寸。

若发现侧墙与拱圈之间脱开,或侧墙上有斜向(若是砌体通常沿砌缝成锯齿状)开裂,应检查墩台与主拱的变形。开裂轻微且不再发展的,可作一般修补裂缝处理。若开裂严重或裂缝在发展中,应考虑加固、改造方案。

5 中、下承式拱桥的吊杆养护参见4.7斜拉桥的拉索养护部分。

系杆拱桥的系杆混凝土裂缝应用环氧砂浆等材料进行处理。系杆采用无混凝土包裹的预应力钢束时,应定期对钢束的防锈保护层进行养护、更换防护油脂等。系杆的支承点如有下沉要及时调整。

6 冬季月平均气温低于-20℃的地区,对淹没于结冰水位的拱圈,应在枯水期从结冰水位以上50cm开始至拱脚涂抹一层防冻环氧砂浆,砂浆表面再涂刷沥青进行保护。

4.4.2 加固方法及适用范围

1 拱桥的主要病害有:

1)主拱圈抗弯强度不够引起拱圈开裂。裂缝主要发生在拱顶区段的拱圈下缘与侧面,拱脚处的拱圈上缘与侧面。

2)主拱圈抗剪强度不够引起拱圈开裂。裂缝主要发生在拱脚,空腹拱的立柱柱脚。

3)拱圈材料抗压强度不够,引起劈裂或压碎。

4)两拱脚墩台不均匀沉降引起拱圈开裂,一般出现在拱顶区段,横桥向贯穿全拱圈,裂缝宽度上下变化不大,且两侧有错动。

墩、台基础上、下游不均匀沉降引起拱圈及墩台出现顺桥向裂缝。

5)墩台沿桥梁纵向发生向后滑动或转动引起拱圈开裂,裂缝规律同1)。当向桥孔方向滑动或转动时,裂缝在拱圈上、下缘的位置与1)相反。

6)肋拱、刚架拱、桁架拱、双曲拱的肋间横向联结如横系梁、斜撑强度不够引起开裂。

7)拱上排架、梁、柱开裂,短柱的两端开裂,侧墙斜、竖方向开裂,侧墙与拱圈连接处开裂。开裂的主要原因分别为构造不合理、强度不够、施工质量不好,以及由于拱圈变形、墩、台变位对拱上结构造成不利影响所致。

8)预制拼装拱桥或分环砌筑的圬工拱桥,沿连接部位或砌缝发生环向裂缝。双曲拱桥的拱肋与拱波连接处开裂。拱肋接头混凝土局部压碎。

9)双曲拱桥的拱波顶纵向开裂。多为肋间横向连接偏弱,采用平板式填平层使拱横截面刚度分配不均,墩台横向不均匀沉降等原因引起。

10)桁架拱、刚架拱、系杆拱的节点强度不够引起节点及杆件端部开裂。

11)中、下承式拱的吊杆锚头滑脱或钢丝锈蚀、折断。

12)拱铰失效或部分失效,引起拱的受力恶化而开裂。

13)钢管混凝土拱的钢管因厚度不足,或节间过大造成钢管出现压缩状折皱。

14)桥面板(平板、微弯板、肋腋板等)开裂。引起开裂的原因主要有局部承受车辆荷载强度不够,参与主拱受力后强度不够,肋片发生较大位移,板与肋连接破坏,或在施工中已开裂未予彻底处理等。

2 加固方法及适用范围

1)主拱圈强度不足时,可加大拱圈截面

从拱腹面加固时,可采用下列方法:粘贴钢板;浇筑钢筋混凝土加大拱肋截面;布设钢筋网用喷射混凝土或水泥砂浆加大拱圈截面;在拱肋间加底板,变双曲拱截面为箱形截面。条件许可时,也可在腹面做衬拱及相应的下部结构。

从拱背面加固时,可在拱脚区段的空腹段背面加大拱圈截面;或拆除拱上建筑,在全拱圈背面加大截面。一般使用混凝土或钢筋混凝土材料。

2)拱肋、拱上立柱、纵横梁、桁架拱、刚架拱的杆件损坏可用粘钢或复合纤维片材加固。粘钢时可粘贴钢板,也可在四角处粘贴角钢。

3)用粘钢板或复合纤维片材加固桁架拱、刚架拱及拱上框架的节点。

4)用嵌入剪力键的方法加固拱圈的环向连接。剪力键一般采用钢板或铸件,按一定间隔布置,其间的裂缝用环氧砂浆等处理。

5)用加大截面的方法加强拱肋之间的横向连接。采用横拉杆的双曲拱,可把拉杆改为系梁。

6)更换锈蚀、断丝或滑丝的吊杆。若原构造许可,可以用收紧锚头的方法张拉松弛的系杆或吊杆来调整内力。

7)在钢管混凝土拱肋拱脚区段或其他构件的外面包裹钢筋混凝土。

8)改变结构体系以改善结构受力,如在桥下通航许可的前提下加设拉杆。

9)更换拱上建筑,减轻自重,更换实腹拱的拱上填料为轻质填料。

10)用更换桥面板,增加桥面铺装的钢筋网,加厚桥面铺装,换用钢纤维混凝土等方法维修加固桥面。

11)因墩、台变位引起拱圈开裂时,应先维修加固墩台,然后修补拱圈。

12)加固拱桥时,应注意恒载变化对拱压力线的影响及引起的推力变化,对各施工工序应进行检算,并作出详细的施工组织设计,严格按照设计的工序施工。

4.4.3 拱桥的拆除

1 拱桥拆除应进行拆除方案设计。对于大、中拱桥及多孔拱桥应对拆除的各工序进行检算,并有详细的施工组织设计。一般拆除顺序按加载倒装考虑。多孔拱桥应根据实际情况考虑连拱作用的不利影响。

2　拆除时实行现场管制,禁止人员进入拆除爆破的影响范围内。

4.5　钢桥的养护与加固

4.5.1　日常养护与维修

1　清除钢结构的表面污垢,保持杆件清洁,特别应注意节点、转角、钢板搭接处等易积聚污垢的部位。清除的污垢不要扫入泄水孔或排水槽中,以免堵塞。

2　更换所有松动和损坏的铆钉。更换过的铆钉在检验之后,均应涂上与桥梁结构显著不同的颜色,并记入桥梁记录簿,注明其数量和位置。

在更换铆钉前,应仔细察看钉孔位置是否正确。如钉孔不圆或偏位大于2mm时,必须扩钻加大孔径。在铆接杆件时,如钉孔不合适,严禁采用强力钻进的铆接方法。更换铆钉后,应对其所有相邻而未更换的铆钉加以敲击,检查是否受到损伤。

3　普通螺栓或高强螺栓连接的构件,若发现松动应及时加以拧紧,对于高强螺栓必须施加设计的预拉应力。为了便于螺栓的更换,应防止丝口锈蚀,如接合杆件表面有角度时,则应在螺帽之下垫以楔形垫圈。

4　焊接连接的构件,焊缝处若发现裂纹、未熔合、夹渣、未填满、弧坑等缺陷时,应进行返修焊,焊后的焊缝应随即铲磨匀顺。

5　钢杆件受到冲击造成局部弯曲时,可用撬棍、弓形螺旋顶或油压千斤顶进行冷矫,禁止用锻钢烧材的方法来矫正。

钢杆件如有不同方向的弯曲,应对导致弯曲的原因作调查分析以确定矫正方法,矫正时按不同的弯曲方向分别进行。如杆件同时有扭转和弯曲,应先矫正弯曲,再矫正扭转。若由于杆件强度、刚度不足或稳定性差等原因引起弯曲的,矫正后应进行加固处理。如需拆卸杆件修理时,可安装临时杆件替代被拆卸杆件,以保证行车安全。

6　钢梁木桥面板的保养,可抽换破损桥面板,加铺轨道板或加设辅助横梁(木梁或钢梁),经计算允许增加恒载时可把木桥面改为钢筋混凝土桥面。

7　装配式钢桥的养护

1)在桥两端竖立鲜明的限速、限载标志,严禁超速、超载。

2)对各部件接合点的销子、螺栓,横梁夹具、抗风拉杆等进行检查。如有松动和缺损,应及时拧紧和修补更换;销子周围应涂油脂,防止雨水进入销孔缝隙;外露的螺栓丝扣应涂油,防止锈蚀。

3)木桥面板出现破裂、弯曲及不平整时,应及时抽换。若经常有履带车通过,则应加铺轨道板。

8　装配式钢桥使用后拆卸进仓之前,应进行油漆,并对拆下的部件进行全面检查和修理。如杆件有局部变形,应进行矫正;如有细裂痕和暗裂纹,应修理加固或更换;销子和栓钉应仔细检查是否有裂缝、脱皮、弯曲、压损等,发现缺陷应及时消除或更换。最后涂抹黄油,用蜡纸包好装箱入仓。

9　装配式钢桥的储存应符合下列要求:

1)构件应分类按规格堆放,下面需用木料或石块垫高,以防受潮;堆置高度不宜过高,以防下层构件被压弯变形;桁架片应单层竖向堆放;堆放时应将架设时先用的部件放在外部。

2)所存放的钢构件应保持清洁,定期涂抹油脂,防止锈蚀。一般每年检查一次,每三年全面检查一次。如发现变形和脱漆,应及时矫正和补漆。

3)所有销子、螺栓等零部件应每年开箱清点、加涂黄油防锈。

4)专用架设工具应注意配套保存,防止丢失,并加强维修保养。

4.5.2　对整座钢桥,应视油漆失效情况,定期进行涂装防锈;部分油漆失效应及时除锈补漆。

钢桥杆件的油漆,应符合下列要求:

1　在涂漆之前,对铁锈、旧漆、污垢、尘土和油水等,均应仔细清除。对所有易锈蚀的部位,如凹处、缝隙、纵横梁及主桁架的弦杆等,尤应仔细清理。

2　除锈应做到点锈不留、除锈彻底、打磨匀亮、揩擦干净。可采用在浓度10%的无机酸中加入0.2%~0.4%的面粉、树胶或煤焦油等缓蚀剂来清洗锈蚀,也可采用喷砂除锈法或其他更有效的除锈方法。

3　油漆层数一般为底、面漆各两层。对于易遭受损坏或工作条件困难的部位应多涂一层面漆。在第一层底漆干燥后,应对裂缝、不平整处和局部凹痕的部位用油性腻子腻塞,并对腻封质量进行检查,发现缺陷应予消除。

4　钢桥油漆工作应在天气干燥和温暖季节(不低于+5℃)进行。油漆时的气温应与被漆钢构件表面温度相近。在风沙天气、雾天、雨天不应进行油漆,对表面潮湿的钢构件也不应进行油漆。

5　钢桥的防腐可采用镀锌、铝等阳极防腐的金属涂层。金属涂层的制作工艺有喷涂、热镀、电镀、电泳、渗镀、包覆等方法。关键部位及维修困难的部位,可采取在喷、镀金属层上再涂防腐涂料的复合面层或涂玻璃鳞片涂料等防护措施。

4.5.3　钢桥的杆件加固法

1　钢板梁由于穿孔或破裂削弱断面时,可补贴钢板或用钢夹板夹紧并铆接来加固,这时钢板的边缘应锉平,使之结合紧密。如钢板受到了较短和较深的创伤,宜用电焊填补。

2　采用增设水平加劲肋、竖向加劲肋的方法加固钢板梁。

3　钢桁梁加固一般用补加新钢板、角钢或槽钢来加大杆件截面。加固可用栓接、铆接或焊接。

4　加设加劲杆件,或增强各杆件间的联系。

5　在结合处用贴板拼接,加设短角钢加强桁架杆件与节点板的连接。

6　如桥梁下挠显著增加,销子与销孔有损坏或上下弦强度不足,应停止交通进行检查修理或更换。

7　钢结构杆件在修理加固之后,应涂漆防锈。

4.5.4　恢复和提高整桥承载力的加固方法及适用范围

1　增设补充钢梁,可装在原有各梁之间,也可以紧靠在原有各梁的旁边。

2　用加劲梁装在原主梁的下缘或下弦杆上。加劲梁加固方法,适宜于不通航的桥孔或桥下净空足够的小型桥梁。

3　用体外预应力加固,预应力施加在下挠后的下弦杆截面上。预应力加固法对桥下净空的影响较小,施工方便,但预应力钢索的防锈工作较困难。

4　用拱式桁架结构装在原主梁的上面,拱脚和原主梁固接或铰接,适宜于下部结构能承受所增加恒载的通航桥孔的加固。

5　用悬索结构加在原主梁上面,可使被加孔的恒载转移到悬索上,以改善结构的变形。这种方法可在运营状态下进行,适宜于下部结构能承受所增加恒载的通航桥孔的加固。

6　在不影响排洪和通航的情况下,可在桥孔中间添建桥墩,缩短跨径,减小桁梁杆件的内力。为了承受新增支点处的剪应力,在新桥墩墩顶处的上部结构中,必须加置竖杆及必要的斜杆。

7　对于多孔简支桁架,分联将其转变为连续桁架,可采用体外预应力加固方法,使被连接的主桁上弦杆在墩顶处得以补强。

4.6　钢—混凝土组合梁桥的养护与加固

4.6.1　日常养护与维修

钢—混凝土组合梁桥的日常养护参见钢筋混凝土桥和钢桥的有关部分。应注意对其结合部位的保养维修,防止桥面水渗漏造成钢构件锈蚀及钢和混凝土之间的联结失效。

4.6.2　加固方法及适用范围

1　钢—混凝土组合梁桥的钢结构部分加固,可采用钢桥的加固方法。

2　钢筋混凝土桥面板可按下列方法加固。

1)若钢筋混凝土桥面板小范围开裂,将开裂部分及周围一个板厚范围内的混凝土凿除,用高强度等级微膨胀混凝土填补。

2)钢筋混凝土桥面板大面积开裂,可参照原桥的施工工艺采用更换预制板或重新浇筑混凝土板的方法。

3)采用更换预制桥面板的方法,应在拆除旧桥面板 4~6 个月前将预制板预制完成。宜对预制板施加临时预压应力,待接缝混凝土浇筑完毕后,再释放临时预压应力。

4)采用重新浇筑混凝土桥面板的方法,应在拆除旧桥面后,使钢梁产生反拱,再浇筑混凝土。在混凝土的浇筑过程中,必须设置强度足够的临时支架,以减小浇筑过程中恒载对结构产生的不利影响。

5)在钢梁顶面增设剪力键,加强桥面板与钢梁的整体性,这种方法可与以上方法联合使用。

4.7 斜拉桥的养护与加固

4.7.1 日常养护与维修

1 斜拉桥梁体和索塔部分的养护,视其结构类型可按钢筋混凝土桥、预应力混凝土桥及钢桥的相关规定进行,参见有关章节。

2 拉索的养护

1)拉索两端的锚具及护筒应经常保持清洁和干燥。塔端锚头若漏水、渗水应及时用防水材料封堵,梁端锚头若漏水、积水应及时将水排出并封堵水源。

2)定期更换拉索两端锚具锚杯内的防护油。

3)定期更换钢护筒与套管连接处的防水垫圈及阻尼垫圈,做好搭接处的防水处理。

4)定期对索端钢护筒做涂漆防锈处理。

5)若拉索护套出现开裂、漏水、渗水应及时处理。可剥开已损坏的护套,将已潮湿的钢索吹干,对已生锈的钢索做好除锈处理,再涂刷防护漆及防护油,并用玻璃丝布或其他防护材料包扎严密。

6)斜拉索的减震装置要保持正常工作状态,发现异常或失效要及时维修。

3 桥上附属设施的养护

1)索塔的爬梯应每年保养一次,包括除锈、油漆、修理损坏的部件。进出口检查门应经常保持完好。有工作或观光电梯的,应按有关规定进行保养。

2)空心索塔的塔内应经常保持通风干燥。塔内通风照明系统每年至少检查保养一次,损坏的灯具应及时更换。

4.7.2 斜拉索的调整和更换

1 对因钢索、锚具损坏而超出安全限值的拉索应及时进行更换。

2 对索力偏离设计限值的拉索进行索力调整。张拉的顺序、级次和量值应按设计规定进行,并测定索力和延伸值,同时进行控制。

3 拉索的更换按改建工程进行,应对各方案技术经济的合理性进行分析比选,确定安全、简便的施工方案。竣工后必须对全桥斜拉索的索力和主梁高程进行测定,检验换索效果,并作为验收的依据。

4.8 悬索桥(吊桥)的养护与加固

4.8.1 日常养护与维修

1 悬索桥梁体和索塔部分的养护,视其结构类型可按钢筋混凝土桥及钢桥的相关规定进行,参见本规范有关章节。

2 主缆各索股的受力应保持均匀,经检查若个别索股受力出现明显偏差、松弛或过紧,应通过索端拉杆螺栓进行调整。

3 防止主缆索股的锚头、锚杆、裸露索股、分索器、散索鞍等锈蚀,涂装防锈油漆的部分应定期涂刷,涂抹黄油的部分应定期更换黄油,发现剥落、锈蚀应及时处理。

4 主缆索的防护层如有开裂、剥落,应尽快修复,必要时可切开防护层检查主缆是否锈蚀并作相应处理,处理完毕后应及时修复。采用涂敷黄油防锈并用简易包裹做防护层的,应定期更换黄油及防护层,并保持其完好状态。

5 网格式悬索桥,肢杆拉索应保持正常的工作状态,若发现松弛,可调整端头拉杆螺母使其复位。

6 索鞍应经常清扫,防止尘土杂物堆积、积水(雪)及锈蚀。索鞍的辊轴或滑板应保持正常工作状态。

7 锚室及封闭的索鞍罩内应保持干燥。有除湿设备的应保持设备正常工作,出现故障及时检修。

8 索夹、索鞍、吊杆等的紧固螺栓应保持其原设计受力状态,视其工作情况,每半年至两年定期紧固,若发现松动应及时紧固。

9 若吊杆有明显摆动、倾斜或检查发现其受力变化,应查明原因。若索夹松动,应使其复位并紧固锚栓;若拉杆螺栓松动,应予拧紧;若吊索锚头出现松动,应予更换。吊杆复位后应进行索力检测。

10 吊杆的保护套,止水密封圈、防雨罩等应保持完好,若发现老化、开裂、破损要及时修补、更换。

11 吊杆的减震装置要保持正常工作状态,发现异常或失效要及时检修。

12 未作衬砌的岩石锚室或锚洞,若有表面风化或表面裂纹,应用环氧树脂砂浆或钢丝网水泥砂浆进行处理。

4.8.2 加固方法及适用范围

1 减少悬索桥竖向变位的加固方法:

1)设置中央构件,把加劲梁与主缆索在跨中联结起来。

2)把直吊杆(索)改为斜吊杆(索)或交叉斜吊杆(索)。

3)增加斜拉索改变结构受力体系,斜拉索可设在主跨四分之一跨径区段,并妥善解决斜拉索与加劲梁及索塔的锚固,同时注意解决索塔受力平衡问题。

2 减少悬索桥横向摆动的加固方法:

1)在桥的两岸上、下游对称增设侧风缆,风缆锚固于悬索桥的加劲梁上,锚固位置可选在四分之一跨至跨中之间。

2)在桥的上、下游各架设一根跨河钢缆,其高度可略低于桥面,用钢丝绳将加劲梁与过河钢缆作多点联结,适当张紧形成抛物面网络。

3)加强加劲梁的水平风撑,加大横向刚度。

3　主缆垂度调整。

对采用少量索股的悬索桥,结构条件许可时,才可对主缆的垂度进行调整。

先将要调整的主缆一侧的恒载卸载,放松索夹,用卷扬机或其他张拉设备逐股张紧主缆索索股,再用调整索股端头的螺杆固定。

4　索鞍座复位。当索鞍座偏移超出设计允许值时,可用千斤顶将辊轴归位。

5　锚碇及锚室结构开裂、变形,应及时查明原因,进行加固处理。锚碇板开裂,可增补钢筋混凝土锚碇板,支撑开裂或破损可增加型钢支撑,若锚室发生变形、位移,可用增加压重等方法处理山体。

4.9　桥梁支座的养护与更换

4.9.1　日常养护

1　支座各部应保持完整、清洁,每半年至少清扫一次。清除支座周围的油污、垃圾,防止积水、积雪,保证支座正常工作。

2　滚动支座的滚动面应定期涂润滑油(一般每年一次)。在涂油之前,应把滚动面揩擦干净。

3　对钢支座要进行除锈防腐。除铰轴和滚动面外,其余部分均应涂刷防锈油漆。

4　及时拧紧钢支座各部接合螺栓,使支承垫板平整、牢固。

5　应防止橡胶支座接触油污引起老化、变质。

6　滑板支座、盆式橡胶支座的防尘罩,应维护完好,防止尘埃落入或雨、雪渗入支座内。

4.9.2　支座维修与更换

1　支座如有缺陷或产生故障不能正常工作时,应及时予以修整或更换。

1)支座的固定锚销剪断,滚动面不平整,轴承有裂纹或切口,辊轴大小不合适,混凝土摆柱出现严重开裂、歪斜,必须更换。

2)支座座板翘起、变形、断裂时应予更换,焊缝开裂应予整修。

3)板式橡胶支座出现脱空或不均匀压缩变形时应进行调整。

4)板式橡胶支座发生过大剪切变形、中间钢板外露、橡胶开裂、老化时应及时更换。

5)油毡垫层支座失去功能时,应及时更换。

2　调整、更换板式橡胶支座、钢板支座、油毛毡垫层支座时采用如下方法:在支座旁边的梁底或端横隔处设置千斤顶,将梁(板)适当顶起,使支座脱空不受力,然后进行调整或更换。调整完毕或新支座就位正确后,落梁(板)到使用位置。

3　需要抬高支座时,可根据抬高量的大小选用下列几种方法。

1)垫入钢板(50mm 以内)或铸钢板(50 ~ 100mm)。

2)更换为板式橡胶支座。

3)就地浇筑钢筋混凝土支座垫石,垫石高度按需要设置,一般应大于 100mm。

5 桥梁下部结构养护

5.1 墩台基础的养护与加固

5.1.1 日常养护与维修

1 应采取措施保持桥梁墩台基础附近河床的稳定。桥梁上下游各 200m 的范围内(当桥长的 1.5 倍超过 200m 时,范围应适当扩大)应做到:

1)应适时地进行河床疏浚。每次洪水过后,应及时清理河床上的漂浮物,使水流顺利渲泄。

2)在桥下树立警告示牌,禁止任何人或单位在上述范围内挖砂、取土、采石、倾倒废弃物,禁止进行爆破作业及其他危及公路桥梁安全的活动。

3)不得任意修建对桥梁有害的建筑物,因抢险、防汛需要修筑堤坝、压缩或拓宽河床时,应事先报经交通主管部门或公路管理机构同意,并采取有效的防护措施。

发现任何有可能破坏桥梁安全的行为,应及时制止。

2 若基础冲刷过深或基底局部掏空,应立即抛填块石、片石、铅丝石笼等进行维护。

3 桥下河床铺砌出现局部损坏时应及时维修。若砌块损坏,可补砌或采用混凝土修补。

4 对设置的防撞、导航、警示等附属设施应经常检查、维护,保持良好状态。

5.1.2 墩台基础的允许沉降

简支梁桥墩台基础的沉降和位移,超过以下容许限值或通过观察裂缝持续发展时,应采取相应措施予以加固:

1 墩台均匀总沉降值(不包括施工中的沉降):$2.0\sqrt{L}$(cm);

2 相邻墩台总沉降差值(不包括施工中的沉降):$1.0\sqrt{L}$(cm);

3 墩台顶面水平位移值:$0.5\sqrt{L}$(cm)。

注:①L 为相邻墩台间最小跨径,以 m 计,跨径小于 25m 时仍以 25m 计算。

②桩、柱式柔性墩台的沉降,以及桩基承台上墩台顶面的水平位移值,可视具体情况确定,以保证正常使用为原则。

当墩台变位所产生的附加内力影响到桥梁的正常使用和安全时,或桥梁墩台基础自身结构出现大的缺损使承载力不够时,必须进行加固处理。

5.1.3 加固方法及适用范围

1 当地基承载力不足时,可采用下列措施进行加固:

1)重力式基础的加固

在刚性实体基础周围浇筑混凝土扩大基础。一般应修筑围堰,抽干水后开挖基坑,再浇筑混凝土。新旧基础(承台)之间可埋置连接钢筋,并将旧基础表面刷洗干净、凿毛,使新老混凝土连成整体。

当梁式桥桥台基础承载能力不足时,可在台前增加桩基及柱并浇筑新盖梁、增设支座。这时梁的支点发生变化,应根据结构受力变化对主梁进行检算及加固。

对于拱桥基础可在桥台两侧加设钢筋混凝土实体耳墙,并将耳墙与原桥台用钢销连接起来,增大桥台基础面积,提高桥台承载力。

当桥下净空允许时,可在台前加建新的扩大基础及台身,将主拱改建为变截面拱支承到新基础及台身上。新老基础之间用钢筋或钢销进行连接,有条件时可在台前新基础下增加短桩,以提高承载力。

2)桩基础的加固

加桩。可用钻孔桩或打入桩增设基桩,并扩大原承台。

对单排架桩式桥墩采用加桩加固时,如原有桩距较大(4~5倍桩径),可在桩间插桩。如原有桩距较小,但通航净空有富裕时,可在原排架两侧增加新桩,变为三排式墩桩。

对钻孔灌注桩桩身损坏,露筋、缩颈等病害,可采用灌(压)浆或扩大桩径的方法进行维修加固。

3)人工地基加固

对墩台基础以下的地层,采用注浆、旋喷注浆或深层搅拌等方法,将各种浆液及加固剂注入或搅拌于土层中,通过浆液凝固使原来松散的土固结,成为有足够强度和防渗性能的整体。所采用的材料应通过试验确定。

2　墩台基础防护加固

墩台基础局部被冲空时,可分情况采取下列加固措施。

1)水深3m以下,可筑围堰将水抽干,以砌石或混凝土填补冲空部分。桥台基础采用上述方法加固时,还应修整或加筑护坡。

2)水深3m以上,可在基础四周打板桩或做其他围堰,灌注水下混凝土。也可用编织袋装干硬性混凝土(每袋装量为袋容积的2/3),通过潜水作业将袋装混凝土分层填塞冲空部分,填塞范围比基础边缘宽0.4m以上。

3)当基础置于风化岩层上,基底外缘已被冲空时,应先清除岩层严重风化部分,再用混凝土填补。对基础周围的风化岩层还应用水泥砂浆进行封闭。

4)当河床不稳定,基础埋置较浅,冲刷范围较大时,可采用平面防护加固,其范围要覆盖全部冲刷坑。方法如下:

打梅花桩,桩间用块、片石砌平卡紧;

用块、片石防护或用水泥混凝土板、水泥混凝土预制块防护;

用铁丝笼、竹笼等柔性结构防护。

5)墩台周围河床冲刷严重,危及基础安全时,除分别采用上述方法进行防护加固外,应在洪水期过后,按本规范第10.2节的规定,采取必需的调治构造物防护措施,或按第

11.2.4 节对河床采取防冲刷处理,以防再次被冲坏。

3 桥台滑移、倾斜的加固

桥台发生滑移和倾斜时,应分析原因,根据不同情况采用下列加固方案。

1)梁式桥或陡拱因台背土压力过大,造成桥台向桥孔方向位移,可采取下列方法进行加固:

挖除台背填土,改用轻质材料回填,减轻台后土压力,以使桥台稳定。拱桥在换填材料时,应维持与拱推力的平衡,如在桥孔设临时拉杆或在后台设临时支撑。

挖去台背填土,加厚台身。

对于单跨的小跨径梁式桥,可在两桥台基础之间增设钢筋混凝土支撑梁或浆砌片石支撑板,支撑顶面应不高于河床。埋置式桥台可采用挡墙、支撑杆或挡块等进行加固。

2)拱桥桥台产生向台后方向位移,可根据不同情况采用下列加固方法:

在U形桥台两侧加厚翼墙。翼墙与原桥台应牢固结合,增大桥台断面和自重,借以抵抗水平位移。若为一字型桥台,可增设翼墙变为U形桥台。

当桥台的位移尚未稳定时,可在台后增设小跨引桥和摩擦板,以制止桥台继续位移。

当桥下净空许可时,可在墩台之间设置拉杆承受推力,限制水平位移。对于多孔拱桥,要注意各孔之间的推力平衡。

3)拱桥在加固墩、台时,必须保持推力平衡,注意安全。

4 墩台基础沉降的加固

若桥梁墩台发生了较明显的沉降、位移,除按本节前述的方法加固外,还可采用下述方法使上部结构复位。

1)梁式桥上部结构状况基本完好,桥面没有损坏,下部地基较好时,可对上部结构整体或单孔顶升,然后加设垫块、调整支座。

2)梁式桥上部结构状况基本完好,但桥面损坏严重时,可凿除桥面及主梁之间的连接,将主梁逐一移位,加厚盖梁,重新安装主梁,并重新铺装桥面。

3)拱桥桥台发生位移,使拱轴线变形较大,承载能力不足时,可采用顶推方法调整拱轴线,恢复其承载能力。

5.2 墩台的养护与加固

5.2.1 日常养护与维修

1 保持墩台表面整洁,及时清除墩台表面的青苔、杂草、灌木和污秽。

2 对发生灰缝脱落的圬工砌体,应清除缝内杂物,重新用水泥砂浆勾缝。

3 墩、台身圬工砌体表面风化剥落或损坏时,损坏深度在3cm以内的,可用水泥砂浆抹面修补,砂浆强度等级一般不应低于M5。当损坏面积较大且深度超过3cm时,不得用砂浆修补,而须采用挂网喷浆或浇注混凝土的方法加固。

4 圬工砌体镶面部分严重风化和损坏时,应用石料或混凝土预制块补砌、更换,新老部分要结合牢固,色泽质地应与原砌体基本一致。

5 墩台身圬工砌体的砌块如出现裂缝,应拆除后重新砌筑。

6 墩、台表面发生侵蚀剥落、蜂窝麻面、裂缝、露筋等病害时,应采用水泥砂浆修补。因受行车震动影响,不易用水泥砂浆补牢的,应考虑采用环氧树脂或其他聚合物混凝土进行修补。

7 墩、台混凝土裂缝宽度超过限值时,裂缝的修补方法参见4.2.1条。

5.2.2 加固方法及适用范围

1 由于活动支座失灵而造成墩台拉裂,应修复或更换支座,并按上述方法修补裂缝。

2 墩台身发生纵向贯通裂缝时,可采用钢筋混凝土围带、粘贴钢板箍或加大墩台截面的方法进行加固。

3 因基础不均匀下沉引起墩、台自下而上的裂缝时,应先加固基础,再采用灌缝或加箍的方法进行加固。

4 U形桥台的翼墙外倾时,可在横向钻孔加设钢拉杆,钢拉杆固定在翼墙外壁的型钢或钢筋混凝土梁柱上。

5 当墩台损坏严重,如出现大面积开裂、破损、风化、剥落时,一般可用钢筋混凝土"箍套"加固,对结构基本完好,但承载能力不足的圆柱形墩柱可用包裹碳纤维片材的方法加固。

6 钢筋混凝土墩台出现缺损,而墩台身处于常水位以下时,可根据不同情况采用围堰抽水或水下作业的方法进行修补。

5.3 锥坡、翼墙的养护

5.3.1 锥坡应保持完好。锥坡开裂、沉陷,受洪水冲空时,应及时采取措施进行维修加固。

5.3.2 翼墙出现下沉、断裂或其他损坏时,应及时维修加固。

6 通道、跨线桥与高架桥养护

6.1 通道的养护

6.1.1 通道的上下部结构及桥面养护与一般公路桥梁相同,可参照有关章节的规定执行。在进行结构或道面维修时宜维持行车与行人,但应有严格的安全措施。

6.1.2 通道混凝土出现裂缝、渗水,可按照下列方法进行修理:

1 混凝土表面的细裂缝和网状裂缝可采用涂抹或喷涂的方法修补,也可加罩新面层。加罩面层前,应将原混凝土表面凿毛。

2 用嵌填法堵漏时,先将裂缝凿成深度不小于3cm、宽度不小于1.5cm的V形槽,清理干净后,用水泥胶浆或石棉膨胀水泥填实,厚度为1.5cm。经检查无漏后,再用抗渗水泥砂浆填平余下的1.5cm。

3 当渗漏严重时,宜采用注浆堵漏,或采用其他可靠的堵漏方法。

6.1.3 通道的沉降缝或连续缝止水带应保持完好,定期更换,有破损时应及时更换。

6.1.4 采用自然排水的通道的沟管一般较长,纵坡偏小,容易积水和淤砂,应经常养护清理,特别是进水口的沉砂井和出水口必须保持完好状态,使水流畅通。洞内排水明沟每星期应清扫一次,洞内排水暗沟每季度应疏通一次。

6.1.5 采用机械排水的通道,其排水泵、阀及其他设备、排水管道应保持功能完好、运转正常,并作定期检修。

1 水泵的定期维修应符合下列规定:

抽流泵累计运行3000h、离心泵累计运行4000h、混流泵及潜水泵累计运行5000h、不经常运行的水泵每隔3年,均应解体维修。

水泵维修后,其流量不应低于设计流量的90%。

2 泵房应配备备用泵一台,泵房蓄水池每季度应清捞污泥一次,泵房内的电器、机电设备及水位仪等每年应校验一次。

3 其他配套设施如集水井、沉淀池(井)应经常清淤,排除杂物,以防堵塞管道。

6.1.6 对设有照明设施的通道,应保持照明设备处于完好状态,照明灯具和输电线路若有损坏应及时更换、修理。

6.1.7 通道应设置明显的限高标志并保持完好。通道端面应涂设立面标记，并保持颜色鲜明，一般每年涂刷一次。

6.2 跨线桥与高架桥的养护

6.2.1 跨线桥、高架桥的上、下部结构及桥面的养护维修与一般公路桥相同，可参照有关章节的规定执行。

6.2.2 采用封闭式排水系统的跨线桥、高架桥，应保持排水系统完好。将桥面水按规定的方向和地点排出，防止桥面水向下行道任意溢流、渗漏。

6.2.3 桥上防撞墙、护栏应保持清洁完好。对于金属护栏，每年要进行油漆，防止锈蚀损坏。

6.2.4 跨线桥、高架桥上的防抛网，隔音墙应保持完好、整洁，及时清除垃圾等杂物，并修理或更换损坏部件。

6.2.5 注意加强对跨线桥、高架桥桥孔的检查和管理，桥孔下不能被任意占用或违章堆物，发现问题及时处理。

6.2.6 跨线桥、高架桥桥上的照明设施应保持完好，照明器具和输电线路若有损坏，应及时修理或更换。

6.2.7 跨线桥与道路交叉部分应设限高标志并保持完好。跨线桥的墩柱及侧墙端面应涂设立面标记，并保持颜色鲜明，一般每年涂刷一次。

6.3 通道、跨线桥和高架桥的加固

通道、跨线桥和高架桥的加固，可根据桥梁结构类型和损伤情况，参照第 4 章、第 5 章的加固方法进行。

7 桥梁抗震加固

7.1 桥梁抗震加固原则

7.1.1 处于地震动峰值加速度系数大于等于 **0**.10g 地区的桥梁,应按现行《公路工程抗震设计规范》(JTJ 004)的要求采取相应的抗震加固措施。处于地震动峰值加速度系数小于0.10g 地区的桥梁,除特殊规定外,可采取简易设防。

7.1.2 加固后的桥梁必须满足桥梁正常使用情况下的变形要求。加固采用的裸露钢构件必须进行防锈处理并正常养护。原有结构打孔、凿槽后的外表应抹面修饰。

7.1.3 桥梁抗震加固的重点为针对顺桥向震害的加固。

7.1.4 对重点桥梁应作好震后抢修准备和预案,争取震后尽快恢复交通。

7.2 桥梁抗震调查

7.2.1 处于地震动峰值加速度系数大于等于 **0**.10g 地区公路桥梁调查的重点是上、下部结构抗震薄弱部位。

1 上部结构的薄弱部位,有下列各处:

1)梁式桥:跨中、横梁、支座;

2)拱桥:拱顶、拱1/4跨径处、拱脚及腹拱与立柱联结处;

3)其他形式桥梁:除跨中和支座部位外,还有设计部门提出的抗震薄弱部位。

2 下部结构的薄弱部位,有下列各处:

1)墩台帽、墩、台、基础等相互结合的部位及截面突变处;

2)水中墩(桩)干湿交替风化严重的部位;

3)基础冲刷严重的部位;

4)混凝土桥墩的混凝土工作缝处。

7.2.2 地震区桥梁震害一般有下列情况:

1 在梁、板桥中,主梁纵、横向移位及落梁,撞击造成梁端损坏。

2 在桁梁桥中,桁梁扭曲、位移。

3 在拱桥中,拱上建筑局部挤坏、腹拱与立柱联结处开裂或脱落;拱圈变形、开裂;拱脚移位、开裂等。

4　支座倾倒、脱落,锚固螺栓拔出或剪断、销钉损坏、滚轴脱离。

5　基础下沉、滑移、倾斜、断裂;桥台胸墙开裂、剪断、墩台身及桩柱开裂;地基土液化,地基承载力降低。

7.3　梁桥的抗震加固

7.3.1　防止顺桥向(纵向)落梁的抗震加固措施,可采取下列方法:

1　加固桥台胸墙或重做钢筋混凝土胸墙,在梁端和胸墙间填塞缓冲材料(如沥青油毡或橡胶垫),也可安装防落梁装置。

2　设置纵向挡块,在墩台帽上增设锚栓、挡块,阻止梁纵向位移。

3　固定主梁(板):

1)用卡架把梁(板)固定在桥墩上。卡架与梁(板)或墩之间填塞橡胶、油毡、软木等弹性材料,以保证梁(板)在温度变化时能自由伸缩。

2)板端钻孔固定。采用油毡支座的板梁,可在每片板梁上钻孔至墩、台帽内,放入螺栓,固定端填以环氧砂浆,活动端应扩孔并填以弹性材料,以利温差伸缩,最后上紧螺帽。

3)悬臂梁端固定。在悬臂梁端钻孔,固定螺栓可由上向下穿透挂孔及悬臂端,也可将联结钢板置于梁顶面或梁侧,钻孔并用螺栓固定。

4　将主梁连成整体:

1)增设横向钢拉杆或钢筋混凝土横隔板,提高主梁的整体性。

2)纵向在两跨梁间安装防落梁装置或在端隔板之间用螺栓或其他钢构件连接,限制主梁纵向位移。

5　梁与桥台胸墙纵向连接。用螺栓、钢板等将梁端与胸墙连接起来,以防落梁。

7.3.2　防止横向落梁的抗震加固措施,可采取下列方法:

1　设置横向挡块或挡杆。在边主梁外侧墩、台帽上钻孔埋入锚筋,浇筑钢筋混凝土横向挡块,或埋设短角钢、钢轨、槽钢作挡杆,防止落梁。

2　在边主梁外侧设置三角形钢支架及在边主梁外侧墩、台帽上埋设钢锚栓,将三角形钢支架固定,并在边主梁与钢支架间填塞垫木以固定主梁。

3　对无桥面钢筋网的多梁式桥梁,可进行桥面改造,加铺钢筋网。

4　用钢拉杆或横隔板加强主梁之间的横向联结。

7.3.3　防止支座破坏的抗震加固措施,可采取下列方法:

1　设置支座挡块。对于采用平板式滑动支座、切线式滑动支座、板式橡胶支座或油毡支座的桥梁,若墩、台帽较宽,可采用钢筋混凝土纵向挡块进行加固。

2　对于摆动、滚动支座,可在梁两侧设置挡块,并把挡块同下部构造连接起来,使之成为“U”字形或一字形承托。

3 对钢支座可将相邻跨径的两支座用钢筋纵向连接加固。

7.4 拱桥的抗震加固

7.4.1 防止拱圈落拱,可在拱脚处设置防落拱牛腿,或在横桥向加长墩、台身或墩、台帽。

7.4.2 将主拱圈连成整体,可采取下列方法:

1 在双曲拱桥拱肋的横系梁间交叉设置钢筋斜拉杆,中间用花兰螺栓拉紧。各部分外露钢筋均应涂刷油漆防锈。

2 双曲拱桥结构整体性较好时,可只在拱顶范围三道横系梁间设置交叉拉杆,两端焊接在横系梁的钢板箍上,中间用花兰螺栓拉紧。

3 在石拱桥拱圈的跨中和1/4跨处加设三道钢板箍,用螺栓将钢板箍锚固在拱底及拱侧的钻孔上,锚固孔用膨胀水泥砂浆填充。

7.4.3 加强拱脚与墩、台的连接。在拱座凿孔,埋设钢筋,一端伸入拱脚和埋设在拱肋上的锚栓相联,最后浇筑混凝土。

7.4.4 对空腹式拱桥,当拱上立柱较高时,可增设横系梁加强立柱间的连接。

7.5 墩、台和基础的抗震加固

7.5.1 桥墩的抗震加固以增强整体性和稳定性为原则,根据构造特点可采取下列方法:

1 柱式桥墩

1)在柱之间安装用槽钢或角钢做成的横撑和斜撑,并用螺栓将其拧紧,或采用电焊联接。

2)用钢套管加固,套管用钢板卷焊而成。柱应先打毛,套管与柱之间的空隙,用水冲洗后填以水泥砂浆或小石子混凝土。

2 对多孔长桥,可增设抗震墩。即在原有桥墩两边加设钢筋混凝土斜撑,斜撑尺寸视原墩高度和跨径而定。

3 若桥墩截面偏小,可采用加大桥墩断面或加设套箍来加固。将原结构表面凿毛洗净,植入连接钢筋,使加大部分与原结构连成整体。基础扩大时,应同时对地基进行处理。

7.5.2 桥台的抗震加固以增强抗滑、抗倾覆及抵御台背的土压力为原则,可分别采取下列方法:

1 当桥台的抗倾覆及抗滑动稳定性不能满足安全要求时,可采用加筑围裙的方法。

2 当桥台台后填土在地震力作用下因土压力变化,危及桥台安全时,应采取下列措施:

1)在台背增设挡墙或桥孔,新挡墙或新桥孔的桥台应能单独承受填土土压力;

2)在台前修筑扶壁或斜撑,扶壁和斜撑与原桥台共同承受土压力;

3)将埋置式或一字式桥台改为U形桥台。

3 地震后拱桥桥台发生位移,引起拱抽线变形较大,承载能力不足时,可采用顶推方法调整拱轴线,恢复其承载能力。

7.5.3 原未做抗震设防的桥梁墩、台、基础及地基,应按《公路工程抗震设计规范》(JTJ 004)补作验算。若地面以下20m范围内有可能液化的饱和砂土或饱和亚砂土层,应采取以下的方法加固地基:

水泥浆灌注法。在基础四周钻孔,放入注射管,进行压浆。水泥浆按水灰比约1:0.8或经试验取得的水灰比进行配制。

旋喷灌浆法。将带有特殊喷嘴的钻具,送到土层中预定深度,用2kPa左右的压力将水泥浆(或其他固结材料)射入,通过钻孔中钻具的高压喷嘴,使浆液与土体搅拌混合形成胶糊柱体,待硬化固结后起到加固地基的作用。

硅化法。将水玻璃(硅酸钠 $Na_2O \cdot SiO_2$)用注射管注入土中,然后再注进氯化钙溶液,产生一种有胶性的硅胶膜强化土质。还可将水玻璃和磷酸溶液的混合液同时压入土中,产生硅胶,固结地基。

7.5.4 对盖梁和承台的加固可采用钢筋混凝土加大截面,或采用施加预应力的方法,对于承台还可用增加厚度的方法进行加固,以提高其刚度。

8 超重车辆过桥措施

8.1 一般规定

8.1.1 超重车辆是指大于桥梁设计荷载标准及公路管理部门公布的限载量,必须采取技术措施方可通过桥梁,经过公路管理机构审批同意在指定公路上行驶的特殊车辆。

8.1.2 组织超重车辆安全通过桥梁的技术、管理措施有:

1 收集查找桥梁技术档案,现场查看桥梁状况,依据桥梁的技术资料,按超重车辆的实际荷载,对结构进行强度、稳定性、刚度检算。

2 必要时进行荷载试验,以判定桥梁的承载能力。

3 对不能满足通行条件的桥梁进行加固处理。当有多条线路可通行时,应选取桥梁技术状况好,加固工程费用较低的路线通过。

4 对超重车辆通过桥梁进行现场管理。

8.2 超重车辆过桥的检算及荷载试验

8.2.1 对超重车辆所要通过的所有桥梁,均应按桥涵设计规范进行必要的计算,以确定需要进行加固的桥梁及需加固的部位及构件。

8.2.2 对于计算所需的桥梁技术资料有以下要求:

1 经批准的正式竣工文件。施工质量良好,使用时间不长时可直接采用竣工文件。

2 无设计(竣工)资料或虽有竣工资料,但施工质量不好,使用时间较长已经出现破损的,应以量测的桥梁实际状况为计算依据。

8.2.3 结构检算应选取符合实际、安全可靠的计算图式。结构检算应包括上部结构、下部结构及地基等部分。

8.2.4 当检查及检算不足以作出判定时,可进行荷载试验。加载大小应使试验的荷载效应与超重车通过的状况相近,一般只需按一组最不利位置布载。

8.2.5 对已有荷载试验资料的桥梁,应将实测资料和计算结果进行综合分析,做出判断。

8.3 加固措施

8.3.1 基本要求

1 当桥梁承载力不足时,应对其不足部分如上部结构、下部结构、地基以至全桥采取经济合理、切实可行的加固措施。特大桥梁的加固宜至少提出两个加固方案进行经济技术比较。

2 加固时应尽可能地采用易于实施及拆除,构件可回收利用的临时措施。

3 当采用永久式或半永久式加固措施时,可与桥梁的技术改造及提高荷载等级一并考虑。

4 桥梁通过加固仍无法达到通过超重车要求时,可在原桥址附近修建临时便桥及便道或新建桥梁,保证超重车通行。也可另选通过线路。

8.3.2 加固方案

1 小跨径梁桥和拱桥,在下部结构和地基承载力许可时,可在桥台处设临时支点,在桥面上临时架设钢板梁或钢桁梁全桥跨越,以供超重车直接行驶通过。

2 多跨桥梁当桥较长而无法采用全桥跨越时,若下部结构及地基承载力允许,可采用部分跨越法。在台、墩处的梁端部设临时支点架设钢梁,以减小临时钢梁跨度。

3 梁式桥跨径较大,或下部结构及地基承载能力不足时,可另增加基础,采用竖向多点支承法或八字支撑法进行加固。

4 当拱桥跨度较大,地基较好时可采用拉杆加固法。

5 其他用于加固上、下部结构及地基的方法均可用于超重车过桥的加固措施之中。

8.4 超重车辆过桥的技术管理

8.4.1 超重车辆过桥时,遵循以下规定:

1 一般情况下,超重车辆应沿桥梁的中心线行驶。

2 车辆以不大于 5km/h 的速度匀速行驶。

3 不得在桥上制动、变速、停留。

4 必要时可调整牵引车与平板挂车的行驶距离或让其分别通过桥梁。

5 超重车辆过桥时,可酌情临时禁止其他车辆及行人通过。

8.4.2 超重车辆过桥时,应观测桥梁各部的位移、变形、裂缝等,并予记录。必要时,还应观测应变、反力等。

8.4.3 不宜在行洪等可能发生灾害的时候组织超重车辆通过桥梁。

9 漫水桥、漫水路面养护

9.1 一般规定

9.1.1 漫水桥、漫水路面的行车道两侧应竖立水深导向标桩,保持完好,鲜明醒目。水深导向标桩间距宜为4m,高出行车道顶面60cm,应定期涂刷油漆。

9.1.2 漫水桥、漫水路面的行车道宽度小于接线路段的行车道宽度时,应对停车视距长度范围内的接线路段采取压道措施,限制行车道宽度。

9.1.3 漫水桥、漫水路面的允许通车水深与水流速度、水面宽度、行车道宽度有关。一般情况下桥(路)面上的水深小于0.3m时可允许大型车辆通行,当水深超过表9.1.3所列数据时应中断交通,并设置临时禁止通行标志。禁行标志与桥头的距离不小于停车视距。

表9.1.3 允许通车的漫水深度表

水流速度(m/s)	最大允许通车漫水深(m)	水流速度(m/s)	最大允许通车漫水深(m)
<1.5	0.4~0.5	>2.0	0.2~0.3
1.5~2.0	0.4		

9.2 漫水桥的养护

9.2.1 日常养护

日常养护的内容和要求参见一般公路桥梁的相关部分。漫水桥的行车道应保持平整坚实,漫水期间能保障车辆正常通行。

9.2.2 在洪水期或流冰到来之前,对漫水桥做好以下预防工作:

1 与气象部门、河道及上游水库管理部门保持联系,了解水文信息,以便做出计划安排,采取应急措施。

2 修缮上下游的导流构造物,清除桥孔下及桥位上游的堆积体。

3 加固、检修上部结构,对易被浮起的桥跨结构应将各部件、块件连成整体,加强基础的防护以抗冲刷。设有活动栏杆的应予拆除。

9.2.3 在洪水期间，要防止漂浮物堵塞桥孔，威协桥梁安全。

9.2.4 每次洪水、流冰过后，应及时进行下列检查和养护，确认行车有安全保障后放行交通。

1 清除存留于桥梁各个部位、缝隙中的淤泥、杂物，并进行冲洗。

2 修复破损、剥落、锈蚀的部件。清除桥孔下的淤积，保持水流顺畅。

3 检修导流构造物的缺损部位，防止河流改道。

4 下部结构遭受局部冲刷发生位移、沉降时，按本规范第 5 章的规定处理。上部结构遭损坏，按本规范第 4 章的规定处理。

5 桥头锥坡、翼墙如有冲空或下沉，应及时修补，并根据洪水流向进行改善加固。

6 桥孔上游河段有严重淤积时，可作必要的开挖，也可作导流工程，或加大桥跨、桥长、提高桥高以利泄洪。

7 清除的泥石堆放应注意环境保护。

9.3 漫水路面的养护

9.3.1 日常养护

1 及时清除淤泥、砂石和漂浮杂物，保持路面密实、整洁，铲除积雪、冰棱、铺撒防滑材料。

2 未铺筑正式路面的漫水道路要保持车道基本平整，随着河床的变化要竖立临时标桩，引导车辆行驶。

3 对砌石路面已松动、冲失的圬工砌体，应及时用石料或水泥混凝土进行修复，砌块间的缝隙用砂浆填塞紧密。水泥混凝土或沥青混合料路面出现的病害按有关规范要求修复。

4 对于已破坏的路基边坡可用浆砌块、片石或混凝土预制块护面，护面应伸入河床到原基础顶面。清除的较大石块宜运至下游边坡脚处堆放，以利过水时消力。

9.3.2 漫水路面的改善和加固。

1 防止冬季地下水引起路面冻胀及表面形成冰堆，可采取以下措施：

1)冰冻期前，在上下游不小于 50m 的范围内清理河床，消除积水，在可能的条件下增设涵洞。

2)在路面下铺垫厚度 20cm 以上的砂砾垫层隔断毛细水。

2 在水的作用下路面发生沉陷、断裂时，可参照下列措施进行改善：

1)路基为砂质填料的，在两侧设置灰土隔墙，厚度一般不少于 30cm，并在路基顶面铺筑 20cm 厚的水泥稳定砂砾填密压实。上游的灰土隔墙应尽可能切入河床床面以下至少 1.0m，然后用浆砌块、片石或混凝土预制块铺筑路面。上、下游的边坡护面同 9.3.1.4 条。

2)路基为粘土填料的，可在粘土中掺入 10% ~ 12% 的石灰或 4% ~ 6% 的水泥分层夯实,厚度 20~30cm,再用浆砌块、片石或混凝土预制块铺筑路面。边坡护面同 9.3.1.4 条。

3 漫水过深,阻车时间过长,应分不同情况按下列措施处理:

1)加大漫水区段的长度,扩大过水面积。

2)对漫水路面下游的河床,采取疏浚挖直、排除阻塞、加大纵坡的措施改善过水条件。

3)在适当位置增设涵洞、明渠、小桥。

4)提高漫水路面的标高与增加泄水构造物同时进行。

5)按照河床形态将一处漫水路段改为多处漫水路段。

4 扇形漫滩上的漫水路面,应保持路面基本平整、密实,上游导流构造物要稳定,不宜急于加设涵洞等泄水构造或铺筑较高等级的路面,待主流与路线稳定后再予处理。

5 改善漫水路面的线形。

1)漫水路段内不宜设置平曲线,若设置,应采用较大的平曲线半径,不设置逆水流向的超高。

2)漫水路段的纵断面线形宜采用双曲线,或中间有一段直线的圆曲线,已设为单圆曲线的,应通过改造予以改善。漫水路段的纵坡不得大于 4%,与不漫水路段接合的 10~20m 范围内不宜变坡。

3)漫水路段两端的路面为砂石路面时,其两端的标高至少要高出常年洪水位以上。

10 调治构造物养护

10.1 调治构造物的日常养护

10.1.1 导流堤、丁坝、顺坝、格坝和透水坝等调治构造物,应保持良好的技术状况,引导水流均匀、顺畅地通过桥孔,防止和减少桥位附近河床和河岸的变迁,保证桥梁、桥头引道和河岸的安全与稳定。

10.1.2 洪水前后应巡察,及时清除调治构造物上的漂流物。

10.1.3 导流堤、梨形堤、丁坝或顺坝的边坡受到洪水冲刷和波浪冲击,坡脚发生局部破坏时,应及时抛填块石和铁丝石笼等进行防护。

10.1.4 对河道改变而增设的护岸工程,应注意坡面有无变化,基础是否牢固,发现缺损应及时处理。

10.1.5 河滩、河岸的路堤边坡外侧,可种植生长迅速、根系发达、枝叶茂密的乔木或耐水的灌木作为防护。其布置以乔、灌间种的多行带状或梅花式为宜。

10.2 调治构造物的维修与加固

10.2.1 将竹木、铁丝石笼等临时性的调治构造物有计划地改为浆砌块、片石或混凝土的永久性结构。

10.2.2 调治构造物由于洪水冲刷及漂浮物撞击,发生基础冲空,砌体开裂时,应及时维修。

10.2.3 若调治构造物不足以抗御洪水冲击,则应进行加固。可采用植草皮、干砌或浆砌片石、铁丝石笼、抛石等,亦可用梢捆、柴排、混凝土或钢筋混凝土板、土工织物等进行加固。加固时,应综合考虑水深、流速及波浪冲击等因素。加固的高度,淹没式的应加固至坝顶,非淹没式的应高于设计洪水位以上至少 50cm。

10.2.4 河床冲刷严重,危及墩台基础时,可分别进行下列处治:

1 水深较浅的,结合本规范第5章的有关规定,在枯水季节修整墩台基础冲空部分,中、小桥可对桥下河床做单层或双层片石铺砌,必要时可铺设挑坎防护。

2 水深较深、施工困难的,可采用沉柴排、沉石笼、抛石护基等方法。

3 对于流速过大或河床纵坡过大、冲刷严重的不通航小河,可在下游适当地点修筑拦砂坝。拦砂坝的高度、间距应根据河床的标高和纵坡确定,下游坝顶标高一般应与上游桥址处河床的标高相等。

10.2.5 通过观察,发现调治构造物的位置不当,数量、长度不合理,不能发挥正常作用时,应在洪水退后进行改善。

10.2.6 因河道变迁、流向不稳定,或因桥梁上下游河道弯曲形成斜流、涡流危及桥梁墩台、基础、桥头引道时,应因地制宜地增设调治构造物。新增的调治构造物的布设应进行多方案比选。调治构造物的增设与加固参见《公路工程水文勘察设计规范》(JTG C30)。

11 桥梁灾害防治与抢修

11.1 一般规定

11.1.1 危害桥梁的主要自然灾害有洪水、冰冻、泥石流、地震等。应根据桥梁的水文地质条件,所在地的气象特征,结合对桥梁进行的技术检查,综合分析评估桥梁的抗灾能力及灾害可能造成的损失程度。

11.1.2 对于桥梁灾害,应按“预防为主、防治结合、保证安全”的方针,积极防治,作到治早、治小、治轻以至根除隐患。应通过社会效益、技术经济的综合比较来确定治理措施。

11.1.3 重要的大中桥梁及易遭受灾害的桥梁,宜事先储备必要的材料和设备,制定应急预案。一旦发生灾害,及时组织抢修,抢修时应以尽快恢复交通为第一位,确保安全通行。确定抢修方案时,要考虑其在后期恢复工程中能够被充分利用。

11.2 水毁防治

11.2.1 防洪能力评定

1 桥梁抗洪能力评定一般每 3~6 年进行一次。如遇设计洪水或超过设计的更大洪水,宜结合水毁调查,于当年进行一次抗洪能力评定。对经常受洪水威胁的山区公路桥梁宜每年进行一次抗洪能力评定。

2 根据桥长及孔径大小、桥(孔)位置、桥下净空、基础埋深、墩台病害等情况,将公路桥梁的抗洪能力划分为强、可、弱、差四个等级。现场检查与测量后,按公路桥梁原有的技术等级进行检算评定。其评定标准见表 11.2.1。

表 11.2.1 桥梁抗洪能力评定标准

等 级	评 定 标 准
强	1.桥下实际过水面积满足设计要求,桥下净空符合规定; 2.桥(孔)位置合适,调治构造物设置合理、齐全,河床稳定; 3.基础埋深足够,基底埋深安全值满足要求;浅基础已做防护,防护周边的冲刷深度小于设计冲刷深度; 4.墩台无明显冲蚀、剥落

续上表

等级	评定标准
可	1.桥下实际过水面积基本满足设计要求,河道压缩小于10%;上部结构底面标高与设计水位相同; 2.桥(孔)位置略有偏置,设置了调治构造物,调治构造物有局部缺损,河床基本稳定; 3.基础埋深基本满足要求,基底埋深安全值满足规定的60%;浅基础防护基本完好; 4.墩台有冲蚀、剥落,面积小于10%
弱	1.桥下实际过水面积大于设计的80%,不满足设计要求或河道压缩小于20%;上部结构底面标高基本与设计水位相同; 2.桥(孔)有偏置;调治构造物不齐全或有较大损坏; 3.基础埋深安全值较低,在规定的30%~60%以内;浅基础防护有破坏; 4.墩台冲蚀、剥落,面积超过10%,有露筋及钢筋锈蚀
差	1.桥下实际过水面积小于设计的80%,或河道压缩超过20%;上部结构底面标高低于设计水位; 2.桥(孔)偏置;应设而未设调治构造物,或调治构造物严重损坏; 3.基础埋深不够,基底埋深安全值在规定的30%以下;浅基础未做防护或防护被冲空面积在20%以上; 4.墩台冲蚀、剥落严重,面积超过20%,桩顶外露或有缩颈,墩台砌体松动、脱落或变形,露筋及钢筋锈蚀严重

11.2.2 应在汛期进行必要的水文观测,掌握洪水动态,并与当地气象、水文部门取得密切联系,及时收集洪水、雨水预报资料,或向沿河居民进行调查,了解洪水的发生情况、到达时间等,以判断对公路桥梁的危害程度。

11.2.3 将防洪能力评定及水文观测资料作为制定桥梁维修加固方案的依据。对抗洪能力评定为弱或差的桥梁,应及时进行处理。

11.2.4 水毁预防

1 每年汛期前应对公路桥梁进行一次预防水毁的技术检查。其主要内容如下:

1)桥梁墩、台、调治构造物、引道、护坡、挡墙结构是否完好,基础是否冲空或损坏。

2)桥下有无杂草、树枝、石块等杂物淤塞河道。桥位上下游有无堆积物、漂浮物。

3)桥梁上游河道是否稳定,水流有无变化,桥梁下游是否发生冲刷。

4)有无挖砂、取石对桥梁上、下游河道造成的破坏情况。

5)调查桥梁上游附近有无水库及其设计标准,是否存在病害隐患。

2 为防止或减轻洪水对桥梁的危害,在雨季和洪水来临之前应进行下列水毁预防工作:

1)做好河道清淤。

2)修理、加固、改善或增设各类调治构造物及基础防护构造物。

3)采取适当措施,防止漂浮物大量进入桥孔。

4)做好抢险物资和设备的准备。

3 在漂浮物较多的河流,为避免漂浮物撞击桥墩,可在桥墩前一定距离处设置防撞设施。其形式可根据水流缓急、水位高低、漂浮物多少、流量大小等选择,一般可采用单桩、群桩或三角形护墩等。

4 在汛期应组织人员对所辖路线上的桥梁进行昼夜巡查,防洪指挥部门应实行全天24小时值班。小的水毁及时进行处理排除;发生严重毁坏,危及行车安全时,应立即在桥梁两端设立警告标志或禁止通行的标志,组织抢修并及时向上级报告。

11.3 洪水期的抢险与维修

11.3.1 洪水期的抢险,应针对不同情况采取下列措施:

1 监视漂浮物在桥下的通过情况,必要时用竹杆、钩杆等引导其顺利通过桥孔。对堵塞在桥下的漂浮物,应随时移开或捞起。

2 洪水时,如桥梁墩台、引道、护坡、锥坡发生冲刷,危及构造物安全时,应采取抛石、沉砂袋或柴排等紧急措施进行抢护。但抛填不能过多,以免减少泄水面积而增大冲刷。抛填块石时,可设置临时木溜槽,以控制抛填位置。

3 遇特大洪水,若采用抢险措施仍不能保障安全的重要桥梁,在紧急情况下,经上级主管部门批准,可用炸药炸开桥头引道渲泄洪水,以保护主桥安全渡汛。

11.3.2 桥梁锥坡、路堤和导流堤等,应视不同情况,因地制宜地采取有效的防波浪措施进行防护。

11.3.3 便道、便桥

1 公路桥梁一旦被洪水冲毁而中断交通时,应安排车辆绕行,并组织抢修便桥、便道,尽快恢复交通。

2 在抢修便道、便桥时,应遵循下列原则:

1)便道、便桥应选择在被毁桥梁附近较窄的河段上,两岸地形较高、工程量较小处,且不会影响恢复原桥或新建桥梁的施工。

2)便道、便桥应就地取材、施工方便,有利于快速建成。

3)在宽滩性河流上修筑便道、便桥时,可采用漫水式,必要时应对便道上、下游边坡作防冲处理。

4)便桥可采用较小跨径及较短桥长,能满足渲泄水流最低要求即可,可采用钢梁桥或木桥,宜用简单的结构形式。无论何种便桥,必须满足承载能力和稳定的要求。

5)漫水便道、便桥应设置鲜明的警示水位标志,限速、限载标志、行车道宽度标志。

6)便道、便桥宽度可根据通行要求确定,一般不小于4.5m。

7)便道、便桥附近应备有应急的抢修物资,以随时修复便道、便桥的损毁,保证交通。

11.4 冰害防治

11.4.1 预防冰害的措施

1 应根据以往的治理情况,结合现场调查,对桥梁冰害进行分析研究,以制定预防和抢修措施。

2 对于河流水源不大、入冬后河面结冰,且冰面上升造成桥孔被堵或在路上形成冰坝的情况,可选择下列方法进行防护:

1)桥梁上游如有大片低洼地,可用土坝截流。

2)河床纵坡不大的河流,可于入冬初在桥位下游修筑土坝,使桥梁上、下游约 50m 范围形成水池。水面结冰坚实后,在水池上游开挖人字形冰沟,同时在下游河床最深处挖开土坝,放尽池内存水,保持上下游进、出水口不被堵塞,使水从冰层下流走。

3)在桥位上下游各 30~50m 的水道中部顺流开挖冰沟,用树枝、柴草覆盖,再加铺土或雪保温,并经常进行检查维修,使冰沟不被冻塞,解冻开始时将其拆除。

3 防止流冰对桥梁墩、台、桩的危害,可采取下列防护方法:

1)解冻前,对桥梁上游 5km 河道中的冰层及其厚度进行调查、测探。为防止流冰威胁桥梁安全,应备足抢护材料、工具和照明设备。在流冰期由专职小组进行检查、观测和抢护。并提前在桥边设置悬梯,在墩台和破冰体之间搭设跳板以利抢护工作进行。

2)解冻临近时,在桥位下游用人工或爆破方法开挖冰池。开挖长度为河面宽的 1~2 倍,宽度为河面宽的 1/3~1/4,并不小于最大桥跨。当河面宽度小于 30m 时,开挖长度宜增加到河面宽的 5 倍,冰池下游应开凿 0.5m 宽的横向冰沟。当冰块很厚有强流冰发生时,可在桥台、墩、桩、破冰体周围及桥位下游 20~25m 范围内,开挖纵横冰沟。对冰池、冰沟应经常检查,若有冻结应反复捣开。危急时刻,可在下游用撬棍、长杆、钩杆等工具,将凿开的冰块逐一送入冰层下流走。

3)流冰临近时,应清除上游冰层。冰层厚度在 30cm 以下的,可用人工撬拨,大于 30cm 的,宜用炸药炸碎。对较大的流冰体,应在上游用炸药炸碎。

11.4.2 冰凌爆破

为防止桥梁遭受冰害,一般在解冻前采用爆破法在桥墩四周炸出宽 0.5m 的冰槽,或用爆破法开凿流冰槽。当大量冰排聚结在桥梁附近时,应及时进行爆破送走冰排。

11.5 冻害防治

11.5.1 位于寒冷地区的桥梁,因墩、台、桩、调治构造物的基础埋深不足,出现基础冻胀、融沉、桩基冻拔、翼墙开裂等冻害时,根治的办法是通过改建,将基础埋置于冰冻线以下一定深度。

11.5.2 融沉防治。防治融沉主要采用保护覆盖法,即尽量不破坏基础周围的地表覆盖层,尤其对草皮和泥碳层更应注意,以减少热量散失。对已发生轻微融沉的桥梁,应在融化前采用隔热保冻措施,用隔热性好的材料或土壤换填铺覆,保证地基土处于冻结状态。

11.5.3 冻胀防治。其主要措施如下:

1 基侧换填抗冻胀性能较好的砂砾等。

2 改善基础侧面光滑程度,减小对基础的冻结力。

3 在冻土层内的桩壁加分离式套管。

11.5.4 桥台水平冻害防治。

1 增强桥台抗冻胀能力。可用锚杆、锚碇板来平衡水平冻胀力,或将八字墙与前墙连成整体,增加台身配筋等。发生冻害后的处理,可参见第5章桥台加固的条款。

2 减弱水平冻胀力。可采用换填、排水和保温措施。如在台背换填不冻胀的纯净砂砾,在台背设排水盲沟及在台背和路面下层铺设保温材料。

11.6 泥石流防治

11.6.1 泥石流的防治,应遵守下列原则:

1 当桥梁位于经常发生粘性泥石流的河段及规模较大的稀性泥石流河段时,可考虑改线绕避,无法绕避时须采取治理措施。

2 调治构造物的布设,应根据桥梁所在位置的地形、沟槽宽度、泥石流性质、流势等综合考虑,宜导不宜挑。

3 与有关部门协商,进行工程和生物防治与水土保持相结合的综合治理。

11.6.2 在泥石流形成区,采取平整山坡、填筑沟槽、修建阶梯及土埂等措施控制水土流失和防止滑坍发生。

11.6.3 在泥石流流经区,可在储淤条件较好处修建拦挡坝及停淤场。

11.6.4 可根据实际情况采用挑导坝、丁坝、导流堤相结合的综合调治措施。

12 涵洞

12.1 一般规定

12.1.1 确保涵洞行车安全、排水顺畅和排放适当;保持涵洞结构及填土完好;维护涵洞表面清洁、不漏水。

12.1.2 涵洞养护工作内容包括:经常检查和定期检查,日常养护、维修、加固与改建。

12.1.3 涵洞开挖维修时,应维持好交通,并设立安全标志及护栏。

12.2 涵洞的检查

12.2.1 涵洞检查分为经常检查和定期检查。

12.2.2 经常检查:

1 经常检查每月至少进行两次,在洪水、冰雪前后及行洪期间应加强检查。

2 经常检查内容包括:进水口是否堵塞、沉砂井有无淤积、洞内有无淤塞及排水不畅;洞口周围是否有杂物堆积,涵洞是否清洁、漏水;周围路基填土是否稳定和完整;涵洞结构是否有损坏。

3 经常检查中发现有排水堵塞或有较大损坏需要进行维修的,应做好记录并及时报告。

12.2.3 定期检查:

1 定期检查每年至少进行一次,在接到较大损坏情况的报告后应增加检查。

2 定期检查内容包括:

1)检查涵洞的过水能力,包括涵洞的位置是否适当,孔径是否足够,涵底纵坡是否合适。若过水能力明显不足,经常造成内涝及路基损毁的,应考虑改造。

2)进水口铺砌、翼墙、护坡、挡水墙、沉砂井等是否完整,洞口连接是否平整顺适。

3)出水口铺砌、挡水墙、翼墙、护坡等是否完整,排水是否顺畅。

4)涵体侧墙是否渗漏水、开裂、变形或倾斜,墙身砌体砂浆是否脱落、石块是否松动,基础是否冲刷淘空。

5)涵身顶部盖板或拱顶是否开裂、漏水、变形下挠,拱顶砌块是否松动脱落。

6)涵底是否淤塞阻水,涵底铺砌是否完整。

7)洞口附近填土是否有渗水、冲刷、空洞,填土是否稳定。

8)涵洞顶路面是否开裂、下沉。行车是否安全。

3 定期检查中,检查人员应当场填写"涵洞定期检查表"(附录D);实地查明损坏情况,根据涵洞的技术状况及排水适应状况,参照桥梁技术状况评定标准相关结构类型,对涵洞的技术状况综合做出好、较好、较差、差、危险等五个级别的评定,提出日常养护、维修、加固、改建等建议。

12.3 涵洞的日常养护

12.3.1 涵洞的洞口应保持清洁,发现杂物堆积应及时清除。涵洞内应保持排水畅通,发现淤塞应及时疏通。

12.3.2 洞口和涵洞内如有积雪应尽快清除,被清除的积雪应堆放在路基边沟以外。经常积雪或积雪较深的涵洞,入冬前可在洞口外加设栅栏,或用柴草捆封洞口,融雪时及时拆除。

12.3.3 涵底铺砌、洞口上下游路基护坡、引水沟、汇水槽、沉砂井发生变形时,均应及时修理。

12.3.4 涵底铺砌出现冲刷损坏、下沉、缺口应及时修复。路基填土出现渗水、缺口应及时封塞填平。

12.3.5 涵底和涵墙出现渗漏水,应查明原因,分别采取下列方法处治:

1 疏通水道,使洞口铺砌与上下游水槽坡道平齐顺适。

2 保持洞内底面平顺,并有适当纵坡。

3 用水泥砂浆对涵底和涵墙重新勾缝。

12.3.6 涵洞出水口的跌水构造应与洞口结合成整体,若有裂缝应及时填塞。

12.3.7 浆砌石拱涵的砌体表面风化、开裂、灰缝剥落,局部石块松动、脱落,或砌体渗漏水,可分别按下列方法处理:

1 用水泥砂浆重新勾缝,或局部拆除后重砌。

2 表面抹浆或喷浆。

3 在砌体背后压注水泥砂浆或化学浆液。

4 加设涵内衬砌。

5 挖开填土,对砌体进行维修处治,并加设防水层。

12.3.8 混凝土管涵的接头处和有铰接缝处发生填缝料脱落,引起路基渗水时,应及时封堵处理。可用干燥麻絮浸透沥青后填实,或用其他粘弹性材料封堵,不宜用灰浆抹缝,以免再次脱落。

12.3.9 压力式涵洞进水口周围路堤发现渗流、空洞、缺口或冲刷现象时,应及时进行修补处理。洞口周围路基可用不透水粘性土封堵,洞前做铺砌或修挡水墙。

12.3.10 压力式涵洞或倒虹吸管的涵顶路面出现浸渍,应及时处理。可采用对涵内顶部表面抹浆、喷浆或衬砌的方法处理。

12.4 涵洞的维修及改建

12.4.1 涵洞进、出水口处如已严重冲刷,可采用下列方法维修:

1 位于陡坡上的涵洞或直接受水流冲击的涵洞,其入口处应采取适当的防护措施。

2 用浆砌块石铺底,并用水泥砂浆勾缝。铺砌长度视土质和流速而定,铺砌的末端应设置混凝土或浆砌块石抑水墙。

3 流速特别大的涵洞,应在出水口加设消力设施,如消力槛、消力池等。消力槛的末端应设置混凝土或浆砌块石抑水墙,或设置三级挑槛。

12.4.2 涵洞经常发生泥砂淤积时,可在进水口设沉砂井,以沉淀泥砂、杂物。

12.4.3 管涵的管节因基础沉陷而发生严重错裂时,应挖开填土处理地基,再重建基础。也可直接采用对地基及基础压浆的方法处理。

有铰涵管如变形大于直径的1/20时,应查明原因进行处理。

12.4.4 波纹管涵发生涵管沉陷、变形,应挖开填土进行修理。管底应按土质情况做好垫层,管上加铺一层防水层,并注意对回填土分层夯实。

12.4.5 涵洞的侧墙和翼墙,如有倾斜变形发生,应查明原因后加以处理,如因填土未夯实发生沉落,或填土中水分过多土压力增大而引起的,应更换透水性好的填土并夯实;如属基础变形引起的,则需要修理或加固基础。

12.4.6 因加宽或加高路基导致涵洞长度不足时,应接长处理。一般可将原涵洞洞身接长,两端新建洞口端墙和路基护坡;当路基加高、加宽不多时,也可采用只加高两端洞口端墙或加高加长洞口翼墙的方法。

12.4.7 承载力不足的涵洞应进行加固或改建。可分别采用下列方法:

1 挖开填土,用混凝土或钢筋混凝土加大原涵洞断面。

2 涵内用混凝土或钢筋混凝土预制块衬砌加固或用现浇衬砌进行加固。

3 挖开填土,用新构件分段进行更换改建。

12.4.8 当涵洞位置不当,过水能力不足时应进行改建。改建施工宜分段进行,并做好接缝的防水处理。

附录A 桥梁基本状况卡片

A.行政识别数据

1	路线编号		2	路线名称		3	路线等级	
4	桥梁编号		5	桥梁名称		6	桥位桩号	
7	功能类型		8	下穿通道名		9	下穿通道桩号	
10	设计荷载		11	通行载重		12	弯斜坡度	
13	桥面铺装		14	管养单位		15	建成年限	

B.结构技术数据

16	桥长(m)		17	桥面总宽(m)		18	车行道宽(m)	
19	桥面标高(m)		20	桥下净高(m)		21	桥上净高(m)	
22	引道总宽(m)		23	引道路面宽(m)		24	引道线形	

上部结构	25	孔号					下部结构	29	墩台				
	26	形式						30	形式				
	27	跨径(m)						31	材料				
	28	材料						32	基础形式				

33	伸缩缝类型		34	支座形式		35	地震动峰值加速度系数	
36	桥台护坡		37	护墩体		38	调治构造物	
39	常水位		40	设计水位		41	历史洪水位	

C.档案资料(全、不全或无)

42	设计图纸		43	设计文件		44	施工文件	
45	竣工图纸		46	验收文件		47	行政文件	
48	定期检查报告		49	特殊检查报告		50	历次维修资料	
51	档案号		52	存档案		53	建档年/月	

D.最近技术状况评定

54	55	56	57	58	59	60	61	62	63	64
检查年月	定期或特殊检查	全桥评定等级	桥台与基础	桥墩与基础	地基冲刷	上部结构	支座	经常保养小修	处治对策	下次检查年份

(桥梁基本状况卡片正页)

续上表

E.修建工程记录

65	施工日期	66	修建类别	67	修建原因	68	工程范围	69	工程费用（万元）	70	经费来源	71	质量评定	72	建设单位	73	设计单位	74	施工单位	75	监理单位
开工	竣工																				

76	备注：

F	桥梁照片	77	立面照		78	桥面正面照	
79	主管负责人		80	填卡人	81	填卡日期	年　月　日

（桥梁基本状况卡片背页）

附录 B　桥梁经常检查记录表

管理单位：

路线编码		路线名称		桥位桩号	
桥梁编码		桥梁名称		养护单位	
部件名称	缺损类型	缺损范围		保养措施意见	
翼墙					
锥坡、护坡					
桥台及基础					
桥墩及基础					
地基冲刷					
支座					
上部机构异常变形					
桥与路连接					
伸缩缝					
桥面铺装					
人行道、缘石					
栏杆、护栏					
标志、标线					
排水设施					
照明系统					
桥面清洁					
调治构造物					
(其他)					
负责人		记录人		检查日期	年　月　日

附录 C　桥梁定期检查记录表

（县级公路管理机构名称）

1.路线编码		2.路线名称		3.桥位桩号	
4.桥梁编码		5.桥梁名称		6.下穿通道名	
7.桥长(m)		8.主跨结构		9.最大跨径(m)	
10.管养单位		11.建成年月		12.上次大中修日期	
13.上次检查日期		14.本次检查日期		15.气候	

16.部件号	17.部件名称	18.评分(0～5)	19.特别检查	20.维修范围	21.维修方式	22.维修时间	23.费用(元)
1	翼墙、耳墙						
2	锥坡、护坡						
3	桥台及基础						
4	桥墩及基础						
5	地基冲刷						
6	支座						
7	上部主要承重构件						
8	上部一般承重构件						
9	桥面铺装						
10	桥头跳车						
11	伸缩缝						
12	人行道						
13	栏杆、护栏						
14	照明、标志						
15	排水设施						
16	调治构造物						
17	其他						

24.总体状况评定等级		25.全桥清洁状况评分		26.保养、小修状况评分	
27.经常性养护建议					
28.记录人		29.负责人		30.下次检查时间	
31.缺损说明					

续上表

部件号	部件名称	缺损位置	缺损状况 (类型、性质、范围、程度)	照片或图片 (编号/年)
1	翼墙、耳墙			
2	锥坡、护坡			
3	桥台及基础			
4	桥墩及基础			
5	地基冲刷			
6	支座			
7	上部主要承重构件			
8	上部一般承重构件			
9	桥面铺装			
10	桥头跳车			
11	伸缩缝			
12	人行道			
13	栏杆、护栏			
14	照明、标志			
15	排水设施			
16	调治构造物			
17	其他			

附录 D　涵洞定期检查表

1.路线编号		2.路线名称		3.涵洞桩号	
4.养护单位		5.涵洞类型		6.检查时间	
7.序号	8.部件名称	9.损坏或需维修情况描述		10.维修建议(方式、范围、时间)	
1	进水口				
2	出水口				
3	涵身两侧				
4	涵身顶部				
5	涵底铺砌				
6	涵附近填土				

11.涵洞技术状况总评	好	较好	较差	差	危险

12.养护方案	日常养护	维修	加固	改建	13.下次检查时间	年　月

14.备注

主管负责人		检查人		检查时间	年　月　日

本规范用词说明

1　对规范条文执行严格程度的用词,采用下列写法:

1.0.1　表示很严格,非这样做不可的用词:
正面词采用“必须”;反面词采用“严禁”。

1.0.2　表示严格,在正常情况下均应这样做的用词:
正面词采用“应”;反面词采用“不应”或“不得”。

1.0.3　表示允许稍有选择,在条件许可时应这样做的用词:
正面词采用“宜”或“可”;反面词采用“不宜”。

2　本条文中应按指定的其他有关标准、规范的规定执行,其写法“应按……执行”或“应符合……要求或规定”。如非必须按所指的标准、规范或其他规定执行,其写法为“可参照……”。

附件

公路桥涵养护规范

(JTG H11—2004)

条 文 说 明

1 总 则

本章规定了制定本规范的目的和使用范围，以及公路桥涵养护工作的主要内容和基本技术政策。

1.0.1 本条规定了制定本规范的目的。桥涵是公路网中十分重要的部分，是控制交通的咽喉。据统计资料，到 2003 年底，全国公路网中有各式桥梁 310 774 座，累计长度达 12 466 143 延米，其中特大型、大型桥梁座数约占 6.3%，总长度约占 43.27%，相当一部分桥梁已使用几十年，原有设计技术标准低、承载能力和通行能力不足，因此加强对现有桥梁的养护和技术改造是十分重要的。按照《公路法》第三十五条“对公路进行养护，保证公路经常处于良好的技术状态”的要求，确定桥涵养护的目的是“保持桥涵处于正常使用状态，保证行车畅通、安全”。

1.0.2 本条规定了本规范的使用范围。从现有公路的分级管理情况出发，并与交通部颁发的《公路桥梁养护管理工作制度》适用范围相一致，所以规定适用范围为国道和省道，由于桥梁对于公路交通的重要性以及近年来管理和养护技术水平的提高，把县道归入执行本规范的范围。其他公路(县乡公路及专用公路)可参照使用。

本规范所谓的特殊桥梁是指在养护方面有特殊要求的桥梁。近年来，我国修建了若干跨越江、海的特大型桥梁和一些新型桥梁。这些桥梁不但对养护技术有较高要求，而且养护管理的工作内容也较一般桥梁复杂，有一定的特殊性。如有的桥梁布置有长年检测的桥梁结构健康诊测系统、气象检测系统、交通监控系统等。本规范主要针对公路网的众多桥梁来编写，不可能也没有必要完全包含所有特殊情况。因此本条规定特大型和新型桥梁之类的特殊桥梁，可遵循本规范的原则，制定专项养护管理规程，由各省(市、区)公路管理机构批准后实施。制定专项养护规程，履行报批手续是必须的，不能以专家委员会鉴定的方式代替。

1.0.3 本条从八个方面规定了桥涵养护工作的主要工作内容及基本要求：检查及评价，采集更新数据；保养、维修和安全防护；加固改造；环保、防灾；建立档案和数据库等。上述内容是从现有桥涵养护工作实际归纳的，并与交通部颁发的《公路桥梁养护管理工作制度》的要求一致。

随着科技水平和管理水平的提高，本规范对养护管理的要求比原规范及《公路桥梁养护管理工作制度》更高一些。表现在：

在《公路桥梁养护管理工作制度》中“逐步建立省地县三级桥梁数据库管理系统”，和原公路养护规范的“推广路面、桥梁管理系统，逐步建立公路数据库，实行病害监控”要求基础上,本规范提出“建立公路桥梁管理系统和公路桥梁数据库”。因为近十年来交通部在组织推广应用公路桥梁管理系统,建立桥梁数据库方面做了大量工作,干线桥梁管理系统在 31 个省市区和新疆建设兵团已推广使用,高速公路、地方道路及特殊桥梁的管理系统也开始在部分省市区应用,全面应用的条件已经成熟。

实施桥涵病害监控,以及逐步建立大型桥梁荷载报警系统、灾害预防决策系统,是贯彻以人为本、以车为本的指导思想,根据国内外桥涵养护管理技术发展现状和趋势提出来的。国内的一些特大型桥梁已经建立了荷载报警系统,作为规范要求“逐步建立特大型桥梁荷载报警系统,地震、洪水和流冰等预防决策系统”不仅是需要做到,而且是可能做到的。

除强调新、改建桥梁交工接养时,应手续完备、提供成套技术资料的基本要求外,还要求配置养护设施、机具,设置养护工作通道、扶梯、吊杆、平台,设计单位应提供养护技术要点及要求,这些都是开展养护管理工作必要的工作条件。配置养护用的设备和设施在《公路桥涵设计通用规范》(JTJ 021—89)中已有明确规定,但以往常常被忽略,许多大型、特大型桥梁没有养护检修的通道(或平台),管养人员无法接近梁底、支座部位及桥墩进行检查养护作业,有的桥梁养护的机具未予配置或配置不全,给养护工作带来困难。针对上述情况,本条规定了可据实际需要增添桥梁养护的设施和设备,从创造工作条件方面来保证养护工作的开展。提供养护技术要点及要求也必须予以强调,不同桥型因其受力和构造措施不同,养护的技术及要求是不同的,例如斜拉桥的拉索、中下承式拱桥的吊杆应是养护的要点;一座桥梁的不同部件维修更换周期是不相同的,使用橡胶制品的桥梁支座和伸缩缝的使用寿命只有 20 年左右(关于橡胶材料的使用寿命国内外说法不一,从热空气加速老化试验等分析,一般认为使用 50 年以上没有问题。但考虑到制品的设计、加工质量等存在的问题,实际使用寿命没有那么长),钢构件的防锈油漆涂装使用寿命一般为 2~8 年之间(一般油漆使用寿命 2 年左右,水溶型、醇溶型及环氧型富锌漆使用寿命 5~8 年之间,无机磷酸盐富锌漆的使用寿命可达 20 年以上),设计者应明确提出定期更换的要求和办法。建立桥梁健康诊测系统也需要设计者提供内力、应力(应变)、位移、固有频率等基础资料,而这些在以往的设计文件中没有提供或提供的技术资料不齐全。在桥梁交工验收时,设计单位提供养护技术要求及要点的工作应更规范、更详细。大型或特殊桥梁的附属设施,应由制造商直接提供或通过设计单位提供其使用、维护的有关文件。对于大型桥梁和特殊桥梁,最好形成专门的养护要求技术文件。

1.0.4 本条列举了桥涵养护应遵循的技术政策。技术政策是随着形势的发展而变化的。除必须贯彻“预防为主、防治结合”的方针,执行《公路桥梁养护管理工作制度》外,还明确了以桥面养护为中心,以承重部件养护为重点。并强调了科学、先进的养护管理,重视经济技术比选及保护环境。

科技进步,是我国经济发展的动力。依靠科技进步是推进桥涵养护工作的重要技术政策。总体上讲,我国公路桥涵养护管理的技术水平较低,手段落后,机械化程度低,信息技术的应用不普遍,与当前公路交通的发展形势不适应。科技进步在桥涵养护中发挥重要作用的空间很大,因此予以强调。

对养护工程实行分类管理是桥梁养护中的一项基本政策。本规范共分五类。养护工程分类是依据修订中的“公路养护管理办法”的要求来划分的。其中恢复原设计标准的维修项目,如何在中修或大修工程之间划分,技术界限比较模糊,各地可据维修范围、工程规模或所需资金数量来确定。

桥涵养护工程的经济技术比选,也是较薄弱的环节。在判定桥梁是否采取加固利用方案时应对其使用价值进行评价,在规划的使用期内,利用旧桥(及线路)的收益(总收益减去改造费用,管养费用)大于新建桥梁及线路的收益(总收益减去新建费用、管养费用),采取加固利用的方案才是可取的。目前此项工作的开展还很不规范。在加固利用中,对各种加固方案的经济技术比较也是很重要的,总的原则是技术合理的前提下,尽量降低成本。

强调环境保护与综合治理的理由是不言而喻的。桥梁是跨越河道、沟谷的构造物,在桥涵养护改造中注意保持河道的稳定,不使河势恶化十分重要。反之,河道稳定(尤其是桥位所在河段的稳定)对于保证桥梁安全也起到重要作用。

3 桥梁检查与评定

3.1 桥梁检查的一般规定

3.1.1 桥梁检查分为经常检查、定期检查和特殊检查。其分类方法与《公路桥梁养护管理工作制度》的要求一致,且习用已久,经实践证明是合理的。

桥梁检查的情况和所得数据应按要求及时整理、建立卡片,同时输入数据库等管理文件,这些信息资料中有一部分是动态的,要及时更新。所有的检查文档资料应及时归档,桥梁卡片等应作为永久性档案保存。

3.2 经常检查

经常检查是以目测为主,检查从外表可见到的病害和缺陷等,为小修保养计划提供依据。当场填写“桥梁经常检查记录表”是及时、准确收集信息的重要保证,不允许事后回忆补填。经常检查的内容丰富,本节共列举了十四种,基本包括了桥梁各个部分用目测可以发现并作出定性判断的缺损。检查应有序而严密,防止漏项。

支座检查的工作条件较困难,在一般情况下将其经常检查周期定为一个季度。若支座技术状况较差且缺损发展较快,则应缩短检查周期。

桥梁设置的观测用的标点、传感器及引线等也应作为桥梁附属设施,纳入管理检查维护。传感器的工作状态可用接受仪器来测定。

3.3 定期检查

3.3.1 桥梁定期检查的时间一般为三年。各国对桥梁检查时间的规定不一,丹麦为1~6年,法国每5年对大于120m的桥梁进行详细检查,德国每3年进行一次总体检查,瑞士每5年进行一次间隔性检查,意大利每年进行一次全面彻底的检查。由于我国公路运输处于快速增长时期,过桥车辆的数量和重量变化比较大,加强检查很有必要。故修订时将原规范“桥梁检查工程师可视被检桥梁技术状况确定每1~5年检查一次”的规定予以删除,改为定期检查周期“最长不得超过三年”,可依据桥梁技术状况在1~3年中安排。

3.3.2 定期检查和经常检查均有目测,但定期检查强调“必须接近各部件仔细检查其缺损情况”。定期检查前必须创造接近各部件的条件,如使用桥梁检测车、搭设临时支架等。定期检查工作应按规范程序进行,检查前主持检查的专职桥梁养护工程师要认真查阅有关技术资料及上次定期检查的报告,做好人力、设备等各种准备,落实安全保障措施。

本条规定了定期检查应完成的六个方面工作，其中校对桥梁卡片和填写“桥梁定期检查记录表”应在现场及时、准确地完成。缺损原因的判断、维修范围的估定、改建和限制交通的建议工作要慎重进行，都必须以检查情况及与以往检查情况的变化对比做依据，有可信、充足、准确的数据。作判断时执行者的经验也很重要，因此要求定期检查的主持者具有相应的资质和素质。对于难以判断的，本条规定应提出进一步检查的要求，不可盲目下结论。

3.3.3 大、中型桥梁建立永久性观测点，定期进行控制检测是桥梁检查的一项工作。检测项目主要是桥梁结构的变位。其检测周期可与定期检查相同，也可以短于定期检查周期。其坐标控制可以是一般测量的系统，也可以是全球卫星定位系统（GPS）。本条还规定，特大型桥梁和特殊桥梁还可根据养护、管理的需要，增加相应的控制检测项目，如对结构内力、应变（应力）、自振频率等进行定期检测，这需要事先在结构中埋设传感元件设置标点。

根据《公路桥涵设计通用规范》规定，必要时可设置水尺或标志，以观测水位和冲刷情况。本规范作了相应要求。

3.3.4 桥面系构造的检查

本条列举了定期检查的八个方面内容。其中大多数检查项目都属于外观检查，在经常检查时也要进行。这里予以重复是在定期检查中仍要进行，并反映在定期检查的文件如桥梁卡片、检查报告中。

3.3.5 钢筋混凝土和预应力混凝土梁桥的检查

本条列举了五个方面的检查内容。第一款是外观检查的内容，如端头、底面及腹腔的检查，但是必须接近部件才能目测到，所以归于“定期检查”中，其余各项均属于结构缺损的检查。

钢筋混凝土梁桥及预应力混凝土梁桥的检查要点是混凝土开裂和钢筋锈蚀。裂缝的观测包括裂缝发生的位置、宽度、长度及发展情况。测读裂缝宽度一般采用刻度放大镜，其精度可达到0.05mm。为了观测细微裂缝的发展情况，可以在选定部位涂抹石膏，当裂缝宽度增大时，石膏表面将拉裂。对裂缝深度的检查比较困难，可采用塞入薄的钢片量测，但效果并不好。检查裂缝还可采用超声、声波发射、红外线热检测，雷达检测等技术，这些技术不仅可以检测裂缝，还可以检测混凝土的其他缺损，如离析、空洞等。使用这些仪器相对成本较高，在定期检查阶段是否采用，各地可视条件而定。无论是钢筋混凝土或预应力混凝土结构，正常情况下钢筋是不会锈蚀的。但当混凝土品质（如密实度、含水量、含氯盐量等）、保护层厚度、开裂等出现不能满足规范要求的问题时，就可能造成钢筋锈蚀。针对上述原因，评定钢筋锈蚀主要有直接评定法及间接评定法两大类。直接测量法有用于原位检测的半电池电位测量法，以及取样测定截面损失或重量损失等方法。现场检查时，对其暴露部分的锈蚀观察可定性地判定锈蚀的严重程度。间接评定主要测定混凝土质量,评定产生锈蚀的环境条件,如保护层厚度、电阻率、氯离子含量、气透性等,从而判定出现锈蚀的可能性。

此外,对骨料的硅碱反应,碳化深度的检测,特别是使用时间长的混凝土的碳化深度检测,在定期检测中也应引起重视。检测碳化深度采用酚酞试剂法。

本条还列举了检查应注意的各种结构的重点部位。这些部位是内力(应力)较大的控制截面或结构较薄弱之处。

3.3.6 拱桥的检查

本条针对我国公路拱桥常用的结构形式,提出了检查的要求,主要是对检查部位及内容的要求。

中、下承式拱的吊杆检查和系杆拱的系杆检查应引起特别注意。由于中、下承式拱桥在我国公路桥梁中采用时间不长,早期设计对吊杆的防护构造处理不尽完善,既不能有效防止水的浸入,又不便进行检查和养护(类似的情况还有斜拉桥的斜拉索及吊桥的吊杆),出现问题较多,如 2001 年 11 月 7 日,一座跨径 240m 的中承式混凝土拱桥,八根吊杆在横梁相连部位突然断裂,致使四片横梁、桥面板及人行道坠落。事后检查发现吊杆钢绞线已严重腐蚀,约 50%的钢绞线为陈旧性断裂。广东佛陈大桥为下承式钢管混凝土系杆拱,使用五年后发现主桥出现多种病害,其预应力钢绞线的系杆严重锈蚀,仅在表层即可见到九根钢绞线断裂。

检查钢绞线或平行钢丝的断丝或截面削弱,除目测外,可测定钢束的频率或拉力。

检查钢管混凝土拱的混凝土芯是否充满、密实,多用敲击法。此法比较直观、简单,可以大致确定脱空的范围。从原理分析,也可使用超声、雷达等其他方法,但使用技术不够成熟,用于检测钢管混凝土的实例很少。

3.3.7 钢桥的检查

本条列举了钢桥检查的主要内容,即变形、裂缝、锈蚀及联结件是否正常。造成构件变形有两种原因,一是机械撞击,二是局部受力过大,如压杆失稳。后一种情况,可能危及整个结构的承载能力,在检查中要注意判别,并及时处理加固。铆钉、螺栓等联结件及节点的检查应特别仔细,因为这些部位易于损坏,节点处易于存积雨水、垃圾造成锈蚀。1994 年韩国汉城圣水桥造成跨塌事故,其主要原因就是节点破坏。钢箱梁腹腔是封闭的,若湿度过大易引起钢材锈蚀。在一些大型桥梁,设有调节环境湿度的装置,其工作状态亦是定期检查的内容。

3.3.8 通道、跨线桥与高架桥的检查

除与一般公路桥进行相同项目的检查外,本条还列举了一些特殊要求。有的通道和跨线桥桥下道面低于地面,设置排水系统自流排水或用机械抽排通道的积水,这种条件下通道积水是养护中的常见问题,检查时应注意,对水泵等设备应进行试车检查。

3.3.9 悬索桥和斜拉桥的检查

本条列举了检查的部位及内容。斜拉桥的拉索、悬索桥的吊杆(或吊索),其构造与中、下承式拱桥的吊杆相近,存在的问题也相类似。如斜拉桥中的广州海印大桥、山东济南黄河公路桥,都在检查中发现拉索锈蚀而换索。因此,对索的检查要格外小心。本条还规定五年内对索的振动频率、索力进行检测。通过测定振动频率可以换算得到索的内力,是对整根索工作状态的宏观检查。如果发现防护装置有破坏,应该对该处的钢索进行检查。悬索桥的索鞍和支座一样,都是桥上的机动部件,除了对构件的锈蚀、破损进行检查外,对其位置是否偏斜、辊轴能否活动自如都要查到,并判定其能否正常工作。

3.3.10 支座的检查

支座是容易损坏的部位,在经常检查中很难对其进行目测检查,因此在定期检查中应视为重点检查的部位。支座采用的材料类型较多,有橡胶、四氟乙烯、钢筋混凝土、钢等。其中橡胶等高分子材料寿命较短,定期检查时要注意其老化问题。

支座的工作状态是否正常,如活动支座是否灵活,位移量是否正常等,是定期检查的内容,需对其工作过程进行观察与量测。

3.3.11 墩台和基础的检查

本条列举了检查的主要内容。墩台、基础在水面或地面以上部分的检查与上部结构相同,比较困难的是水下或地下部分的检查。当水下、地面以下有较明显的病害时,将引起墩台沉降、倾斜、位移、开裂,通过对这些病害的检查和量测,可以判定水下或地下部分有无问题。在国外,有用侧向超声波测位仪来检查桥梁水下部分的桥墩、基础冲刷,填石或石笼的范围、移动情况等实例,还有用贯入地面雷达检测桥台外形及其稳定性的实例。我国曾进行过在墩顶放置仪器,用水电效应法测桩的承载力及完整性,但结果不理想。对于水下、地下部分的检测,还需要探索与研究。潜水员的潜水检查,方法比较可靠,对于大桥、特大桥的检查可以采用。

3.3.14 本条规定了桥梁定期检查后应提交的文件及要求。这些文件既需要做成文案,又应输入计算机、刻制光盘保存。

3.4 特殊检查

3.4.1 本条规定了对承担特殊检查单位的资质管理。特殊检查的技术要求较高,承担者必须拥有相应的仪器设备,试验分析手段,具有较深厚的专业知识和判断结构工作状态的丰富经验,因此在资质方面应有所要求。关于承担单位的资质审查、委托方式,应按国家交通主管部门的相关规定执行。

3.4.2 本条规定了应进行特殊检查的情况。技术状况为五类的桥梁,只是在其技术状况偏向四类且区分不明显时才考虑进行专门检查。应进行专门检查的第四种情况是:“特殊重要的桥梁正常使用期间可周期性进行荷载试验”。周期性荷载试验一般为在使用20年后,每隔10~15年进行一次。这是参照国外管理经验,为提高我国桥梁管理水平提出的。工程结构都有其生命周期,由于有的材质随时间老化,原设计、施工方法不当,结构、构造不合理等问题逐渐暴露,以及受使用环境条件的影响,结构的功能在生命周期内是不断退化的。因此间隔一段时间,对其进行全面、系统的检查评定很有必要,荷载试验是对桥梁承载能力(桥梁的主要功能)最直观的检查,所以提出了上述规定。执行本条时,重要的问题是对“特殊重要的桥梁”的界定。各省、市公路管理机构可视其具体情况而定。随着养护经费增多,养护条件改善以及交通量的增长,从可能和需要两个方面考虑,今后应逐步增加进行荷载试验专门检查的桥梁。

3.4.3 本条强调了进行特殊检查必须进行的工作,即现场勘测、试验和验算,三个方面不可缺少。最终应有鉴定结论。

3.4.4 本条强调了试验前应进行的资料准备。

3.4.5 本条对特殊检查的鉴定意见内容提出了要求。公路管理机构针对检查的具体对象,在任务书中或委托合同中应明确鉴定的具体内容。

3.4.6~3.4.9 这几条是对鉴定方法的要求。

结构承载能力鉴定可采用结构分析和静力荷载、动力荷载试验对比的方法。静力荷载试验是桥梁承载能力鉴定最基本的方法。它通过布置在控制截面或部位的传感器,应用仪器测取结构自重及承受静力荷载的变形、应力、内力、裂缝、温度等资料,对结构的强度、刚度及稳定性进行分析,在与计算值或规范值进行比较分析后,可以给出承载能力的评价。静力荷载试验又是动力荷载试验的基础,在进行结构动力荷载试验时,一般先做静力荷载试验,测定有关结构特性参数。桥梁的动力荷载试验用于测定其动力性能,主要是在动载作用下的受迫振动特性及桥梁结构的自振特性。国内曾开展过用动力试验来评价承载能力的研究,尚未达到实用阶段。

已经建立了桥梁健康监测系统的桥梁,可按系统的设置进行损伤识别。当进行荷载试验时,应充分利用监测系统的既有条件和已取得的资料。

关于桥梁抗灾能力鉴定、重要桥梁的模拟试验,主要是指桥梁冲刷模型试验及地震、风震模型试验。

3.4.10 本条列举了特殊检查报告的主要内容。检查报告可根据试验任务书或委托合同的具体要求来编写。

3.5 桥梁评定

3.5.1 一般规定

本条规定了桥梁评定的分类及承担评定工作的单位的资质管理。原桥梁养护规范只要求对桥梁各部件的技术状况进行评定，即本条规定的一般评定。这次修编依据近年的研究，增加了适应性评定。这些评定以桥梁检查为基础，一般评定依据定期检查资料，评定工作应作为定期检查的工作内容之一由负责定期检查者完成；适应性评定依据定期检查、特殊检查（包括检算分析、荷载试验等）来进行，需借助于检算、荷载试验等专业技术性强的手段。因此适应性评定工作应由有资质的单位来进行。

3.5.2 一般评定

桥梁的一般评定包括技术状况综合评定及确定桥梁分类两部分工作。

桥梁技术状况综合评定可采用多种方法。本规范采用三种方法，推荐采用考虑各部件缺损程度、缺损对结构的影响、缺损发展变化的量化评定方法。其他两种方法是以重要部件最差的缺损状况评定，或按技术状况标准的描述凭经验判断。

各部件技术状况评定是依据缺损程度、缺损对结构功能的影响程度、缺损发展变化状况进行量化评分，采用标度法并叠加发展趋势的修正值。确定缺损程度及标度是使用此方法的关键，可参考表 3.5.2-3 的标准或本规范对桥梁定期检查的要求来确定。表 3-1 例举了某桥的评定情况，将缺损状况描述分类和标度进行了对照。组合标度及修正均是叠加计算。

在综合评定时，依据各部件的重要程度给予了不同的权重 W_i。由于各地的环境条件不一样，除采用本规范的推荐外，还允许依据实际情况调整。调整权重可采用专家评估法（德尔菲法），调整值应经过批准认可。应该注意影响安全性的权重不宜减少。

经过缺损发展状况修正后的组合标度 R_i，能够量化反应部件的技术状态。当 $R_i \geqslant 3$ 时，说明该部件出现了严重缺损，或虽为中等缺损，但在继续发展恶化，应该安排维修。在综合评定 $D \geqslant 60$ 时，也可能出现其中某些杆件 $R_i \geqslant 3$ 的情况，不能因为综合评价较好（二类以上桥梁）而忽略部件缺损的维修。

各主要承重部件在桥梁安全使用中的作用可作为“串联”分析。荷载内力由桥面依次传递到上部结构、墩台、基础、地基，某一个环节出现严重缺损都可能影响到桥梁的安全使用。因此，本规范允许采用“以重要部件最差的缺损状况评定”。重要部件一般考虑上部结构主要承重部件、墩台及基础，它们不仅对安全使用至关重要，而且维修工作量、难度也较大。这种评定方法是突出安全因素的影响。

在桥梁技术状况标准表中，对各类桥梁的总体、各部件（墩台基础、支座、上部结构等）的状况均有具体要求，并有一些量化的要求，结合定期检查，对照分类表的要求，也可以凭经验评定桥梁的分类。本规范也允许采用上述方法。

比较而言，推荐的考虑部件缺损程度、影响、缺损发展变化的标度法，对各部件均进行了权重考虑及量化评分,比后两种方法全面、细致,使用也不复杂,应该是较好的方法。

关于桥梁技术状况的分类,原桥梁养护规范对桥梁技术状况评定标准分为四类,其中第四类分为"坏的状态"和"危险状态"两种,依据评审本规范时专家组的意见,将其四类拆分为第四类"差的状态",第五类"危险状态"。因为危险状态已属不能安全使用的桥梁,需关闭交通、改建或重建,单独归类更能引起管理者的重视,便于养护措施的落实。对于第四类、第五类桥梁的交通管制,比原规范要求稍严一些,以确保安全。在第四类桥中,增加了"当……关闭交通",第五类桥梁中改为"及时封闭交通"。各类技术状况的描述基本同于原桥梁养护规范。

鉴于木桥已很少,在技术状况评定标准中取消了木桥的有关规定。

表 3-1　×××桥技术状况评定表

	a	*b*	*c*	*d*	*e*	*f*	*g*	
编号 i	部件	权重 W_i	部件缺损程度标度	缺损对使用功能的影响	缺损发展状况修正	部件评定结果 $R(c+d+e)$	$W_i \cdot R_i$	注
1	翼墙、耳墙	1	0	—	—	0	0	无翼墙、耳墙
2	锥坡、护坡	1	严重缺损 2	影响小 1	发展快 1	4(2+1+1)	4	
3	桥台及基础	23	中等缺损 1	影响大 2	发展缓慢 0	3(1+2+0)	69	
4	桥墩及基础	24	中等缺损 1	影响大 2	发展较快 1	4(1+2+1)	96	
5	地基、冲刷	8	严重缺损 2	影响大 2	发展较快 1	5(2+2+1)	40	
…	…	…	…	…	…	…	…	
17	其他	1	轻度缺损 0	—	—	0	0	避雷针
$D = 100 - 1/5 \cdot \sum W_i \cdot R_i = 100 - 1/5 \cdot (0+4+69+96+40+\cdots) = 100 - 49.5 = 50.5$(三类桥)								

3.5.3　桥梁适应性评定

本条要求以 3~6 年为周期,对桥梁的适应性进行评定。

承载能力评定是将桥梁的实际承载能力与现行设计荷载标准的荷载效应进行比较。反映结构能否达到承载要求。通行能力评定是将设计通行能力与现行交通量进行比较,也可以和使用期预测交通量进行比较,反映桥梁能否满足现行(或使用期)交通量的要求。适应性评定通常与定期检查、特殊检查结合进行。交通部已组织编写《公路旧桥承载力评定规程》,可按其要求实施承载能力的评定工作。抗洪能力评定的具体要求,在本规范第 11 章中作了相应规定。

关于评定周期,一般要求 3~6 年。由于评定工作与检查是结合进行的,对于定期检查,本规范要求最长不得超过 3 年,特殊检查未作周期性要求。因此评定工作可在一个或两个定期检查周期之间安排。由于我国交通运输发展迅猛,适应性评价不可间隔太久。

适应性评价可按整条线路统一安排,通过评价可以得到桥梁适应程度的百分比。有人提出,可按座数求适应性合格率的百分比(合格桥梁座数/整条线路桥梁总座数),也有人提出按总桥长求适应性合格率的百分比(合格桥梁总长度/整条线路桥梁总长度),上述合格率指标均可一定程度地为公路改建决策提供基础资料。由于涉及技术经济问题较多,对整条线路桥梁适应性的评价工作还需深入研究。

3.5.4 养护对策

本条规定了评定划分的各类桥梁相应的养护对策与措施,包括按技术状况分类的养护工程措施及满足适应性的改造措施。

在桥梁技术状况评定分类时,推荐采用的综合评定方法,虽然作了量化处理,但各部件缺损状况的评定依然是经验方法,有相当的变幅,所以养护对策也有一定的伸缩余地,如三类桥是否进行交通管制,四类桥是否关闭交通,仍需管理者依据经验作出判断。

改善桥梁适应性,一般是有针对地对某些方面进行改造,如加强结构以提高承载能力,加宽桥面以提高通行能力等。当整个路段有多座桥梁的适应性不能满足时(这种情况下往往路线也不适应),逐桥改造可能不是经济合理的,应从整条线路甚至从路网改造来比选。

4 桥梁上部结构养护

4.1 桥面系统养护与维修

4.1.1 本条规定了桥面铺装的养护与维修。

桥面铺装即行车道铺装,是车辆直接作用的部分。桥面铺装要求有一定的厚度、强度、平整度,防止开裂,并保证耐磨。桥面铺装有多种形式,有水泥混凝土、沥青混凝土、沥青表面处治和泥结碎石等。其中以水泥混凝土和沥青混凝土使用得较广泛。梁式桥的桥面采用沥青桥面时,先在梁、板顶面现浇防水混凝土,一般厚度为 6 ~ 10cm,然后做防水层,再在其上铺筑沥青面层,一般厚度 5 ~ 9cm;采用水泥混凝土桥面时,在梁板顶面现浇防水混凝土,一般厚度为 10 ~ 13cm。钢筋混凝土桥梁的铺装层混凝土强度等级多采用 C30,预应力混凝土桥梁的铺装层混凝土多采用 C40,对于高速、一级公路及其他重要公路的大跨径桥梁,也可采用钢纤维混凝土或合成纤维水泥混凝土。水泥混凝土铺装层中设置钢筋网,钢筋直径一般采用 8 ~ 10mm。实腹拱桥及腹拱式拱上建筑的空腹拱一般在压实的拱上填料基层上铺筑沥青面层。钢桥一般采用沥青桥面铺装。对于大跨径、特大跨径的桥梁,多采用品质较优的沥青玛蹄脂碎石混合料、环氧沥青混凝土、浇筑式沥青混凝土等。

桥面铺装层的养护与维修,按《公路水泥混凝土路面养护技术规范》(JTJ 073.1—2001)、《公路沥青路面养护技术规范》(JTJ 073.2—2001)进行。同时应注意到桥面铺装层与一般路面的受力条件不同,在桥跨的不同位置,荷载作用下的变位差异较大从而使其更为不利,因此在维修时应选用较好的材料,在水泥混凝土桥面铺装中布置钢筋网,以及考虑其他加强的工程措施。又为了不致因养护加铺桥面增加桥梁恒载,使桥梁受力恶化,本条特别指出不宜在原桥面上加铺新的桥面,若加铺桥面过厚,应对桥梁结构重新进行检算。

在桥面铺装下面应设置防水层。防水层一般有涂敷式或防水卷材两种。若发现桥有渗漏水现象,说明防水层已损坏,应对防水层进行修补。

有的水泥混凝土桥面铺装层设计为参与上部结构受力,这类桥面翻修时,不能将该层凿除改作沥青混凝土桥面。

桥面铺装的养护维修宜在不中断交通的情况下进行,可采用半幅施工或夜间施工。

4.1.2 本条规定了排水系统的养护与维修,施工时应采取严格的安全措施。

为了迅速排除桥面积水,防止雨水积滞于桥面、渗入梁体或拱腔,桥面要有一套完整的排水系统。在桥面设置纵、横坡,安装泄水管或在桥头做截水槽,拱桥及桥台还设有排除腹腔积水的泄水管(孔),这些泄水管设在防水层上面,通过防水层汇集渗水。排水系统的养护要求保持排水通畅,经常疏通堵塞,以及修复损坏的防、排水系统。据调查,由于养护不到位,桥面的淤泥、杂物未及时清除,造成排水管堵塞的情况较多,应当引起重视。还有因施工不当,排水管口偏高造成积水,这时应将管口高出部分凿去并整修桥面,使其顺畅排水。

4.1.3~4.1.4 人行道、栏杆、护栏及照明灯具属于桥梁的易损构件,为了及时养护更换,可备用适量的构件或保存预制构件的模板。

4.1.5 伸缩缝在平行、垂直桥轴的两个方向应能自由伸缩,当车辆驶过时平顺无突跳,不漏水、牢固可靠。

早期使用的桥梁伸缩缝,如U形锌铁皮伸缩缝、钢板或齿板伸缩缝、橡胶条伸缩缝、板式橡胶伸缩缝等,由于构造和安装的缺陷,多数使用效果不好或出现不同程度的损坏、漏水、失效,在养护维修时,宜进行更换。伸缩位移量小的可采用弹塑体填充式伸缩缝,位移量中等的可采用型钢伸缩缝,位移量大的可采用组合式伸缩缝。更新伸缩缝应由有资质的专业公司来进行。

维修或更换伸缩缝,可采取半幅桥面施工,在伸缩缝上覆盖钢板等措施维持交通,并实行交通管制以保证施工安全。

4.1.6 桥头搭板损坏及桥头引道出现不均匀沉降,是因为出现较多的病害。其养护维修应从桥梁与道路两个方面着手。桥头搭板的病害主要是桥头填土沉降造成搭板脱空、断裂或枕梁下沉。搭板损坏严重的需要挖开处理路基,重新浇筑搭板。关于桥头跳车处路面、路基的处理,参见《公路沥青路面养护技术规范》(JTJ 073.2—2001)。

4.1.7 对标志、标线和交通安全设施的养护强调了及时性,要求经常保持完好。一些桥梁设有航道灯、航空灯,这些指示性灯具完好与否是关系安全的重大问题,更要求"如有损坏应立即修复",养管部门应予以高度重视。

4.1.8 对桥梁观测用的标点、传感器及接线的保护是本次修编增加的。对于建立了桥梁健康诊测系统的桥梁,有永久测点的特大、大、中桥梁,在养护工作中把保护标点、传感器及接线等纳入工作职责是必要的。

4.2 钢筋混凝土梁桥的养护与加固

4.2.1 日常养护与维修

本条规定了钢筋混凝土梁式桥日常养护的工作内容,常见病害的处治办法及钢筋混凝土构件的修补要求。

保持箱梁的箱内通风是为了减少箱内外温差对结构的不利影响。

采用清水刷洗钢筋混凝土梁体所结污垢,是为了防止清洗对混凝土造成损害。若采用化学清洗剂时,应先确定其对混凝土无害方可使用。

钢筋混凝土梁的主要病害大致可归为混凝土表面缺陷、露筋及钢筋锈蚀、联结构件开焊、开裂以及裂缝超限。本条分四种情况提出了处理措施。

混凝土表面修补,通常采用混凝土和水泥砂浆,也可使用其他的修补剂,这些修补剂一般是环氧类化学胶,除用做梁体表面修补外,还可用做水泥混凝土桥面的修补、罩面。

当采用喷射水泥砂浆大面积修补时,宜在喷射后初凝前进行表面抹平。

对梁体的钢联结件,如需用焊接方法修补时,应保护周围混凝土,减小烧伤范围,对于被烧裂、烧坏部分的混凝土应敲掉重新修补。

钢筋混凝土结构的裂缝可分为非结构性裂缝及结构变形变化与荷载裂缝。前者如混凝土收缩引起的表面裂缝,后者如梁体出现的弯拉裂缝、主拉应力裂缝、剪切裂缝、支点局部承压的劈裂缝等,对其后者的处理更显重要。钢筋混凝土是允许开裂的,只限制裂缝的宽度及分布。当裂缝宽度在限值范围以内,一般可以不处理,若环境条件恶劣,裂缝宽度较大时,可以采取表面封闭裂缝的措施。当裂缝宽度超过限值,应当进行灌缝处理,梁的垂直方向和倾斜方向裂缝应采取压力灌缝。常用的裂缝修补胶主要有环氧树脂类和甲凝类,前者粘结力强,稳定性好,机械强度高;后者粘度低,可灌性好,可根据裂缝宽度等因素来选用。当裂缝细小时可选用甲凝类灌缝料。如果出现了较严重的裂缝,表明结构已出现大的变形,则应查明其原因,观测其发展变化,采取结构加固措施,并综合考虑对裂缝的处理。

4.2.2 加固方法及适应范围

由于桥梁加固的技术较复杂,且内容较多,通常由专业的加固单位来完成,公路养护管理机构一般只起组织管理作用,因此本规范只列出加固方法及适应范围。本节列举了常用的钢筋混凝土梁式桥加固方法,共11种。可归纳为加强构件截面加固法和改变结构受力加固法两大类。

1 加强构件截面加固法,包括4.2.2的第1至第6。绑扎钢筋骨架并与原有骨架连接浇注钢筋混凝土加大截面、转换截面形式、粘贴钢板、加预应力是传统的加固方法。近年来兴起植筋和粘贴复合纤维等新的加固方法。

植筋:在原结构上钻孔、插入(种植)钢筋并用锚固剂使其与混凝土固结,可用于增补钢筋、增加锚固钢筋(抗剪或抗拉)。

粘贴复合纤维:用环氧树脂配制的或专用的粘结材料将纤维片材粘贴于被加固体的表面,修复原结构、提高承载力和耐久性。采用的纤维主要有碳纤维增强复合材料(CFRP)以及玻璃纤维(GFRP)、芳纶纤维。碳纤维材料具有强度高、耐腐蚀、耐久性好及自重很小的优点,粘贴工艺简单,粘贴碳纤维后几乎不增加结构自重和改变外形,近年来在桥梁加固中得到普遍运用且发展较快。碳纤维加固的主要效果是提高构件的抗弯、抗剪承载力及受压构件的轴向抗压承载力,也能用于控制裂缝发展。

2　改变结构加固法。包括4.2.2的第7至第11。因为结构受力变化,对某些构件或构件的某些部位是有利的,而对另一些构件或部位不利,所以采用此方法必须对加固方案进行周密的检算;同时要有安全、可靠、合理的构造措施和施工措施。

为了提高桥梁整体刚度,可采用增加横隔板的方法,包括加大截面、增加横隔板数量两种方法,如对无中横隔梁增设中横隔板1至3道。由于横向分布调整使各片主梁受力更均匀,也可能提高承载力。

调整连续梁支座标高,主要用于消除不均匀沉降的影响。

更换主梁是比较彻底的加固方法,通常用于主梁已严重缺损、承载力降低很多的情况,或者需加大边梁截面及配筋的情况。

本节按构件加强和改变结构受力状态两个方面归纳了加固方法的运用范围,实际运用时可综合考虑。当依据提高承载力幅度来选择加固方法时,可按下述考虑:当承载力相差较大时,选用更换主梁,加大钢筋混凝土断面,预应力加固及改变结构受力状态的方法;相差较小可选用粘贴钢板法或粘贴碳纤维方法。碳纤维虽然强度很高,但目前施工要求不宜粘贴超过两层,因而提高承载力的幅度不大。

4.3　预应力混凝土梁桥的养护与加固

4.3.1　日常养护与维修

预应力混凝土梁桥的日常养护基本同于钢筋混凝土梁桥,但由于多了预应力体系的相应构造,因此要注意对预应力钢束及锚固区的养护,如处理体外预应力钢束的腐蚀,修补沿预应力钢束的梁体混凝土纵向裂缝及破损等。

预应力混凝土梁桥的病害及处理基本上同于钢筋混凝土梁。预应力混凝土梁桥出现裂缝还可能有锚固区的局部承压劈裂,或因保护层厚度不够,构造钢筋、定位钢筋偏少引起沿预应力钢束的纵向线形裂缝。按桥梁设计规范,全预应力及A类构件(部分预应力)在正常使用的条件下,是不允许开裂的,因此检查出有受力裂缝,无论宽度大小均应查明原因,进行处理。这种情况多数为承载力不够或预应力部分失效引起的,应进行结构加固而不仅仅处理裂缝。

4.3.2　加固方法及适用范围

预应力混凝土梁桥的加固方法及适用范围与钢筋混凝土梁桥基本相同。

若梁体的高度较低,当采用竖向预应力筋加固腹板时,应充分考虑锚头预应力损失的影响,宜与其他加固措施综合比较,选定可行、可靠的加固方法。

4.4　拱桥的养护与加固

4.4.1　日常养护与维修

我国公路拱桥所采用的材料种类和结构形式较多。从材料分有石拱桥、混凝土拱桥、钢筋混凝土拱桥、钢管混凝土拱桥和钢拱桥,有的桁架拱拉杆还采用了预应力混凝土。早期还有砖拱桥,20世纪60年代后砖拱桥几乎不再采用了。从结构形式分有板拱、肋拱、双曲拱、桁架拱、刚架拱、桁式组合拱、系杆拱等。日常养护应针对不同情况采取相应措施。

拱桥桥面的日常养护见4.1桥面系统养护与维修。应注意实腹拱和腹拱式空腹拱,因为拱上填料难以压实和各处填料厚度不均,使铺装层易于破坏,尤其要加强养护。

由于防排水系统损坏而造成的拱圈渗水的现象不少,尤其是在石拱桥中较多,因为20世纪50年代、60年代修建的石拱桥拱背防水层较简陋,防水效果不够好,当桥面开裂渗水或桥面积水排出不畅时,往往造成主拱圈漏水,钙化物从砂浆缝或裂缝处淅出,影响结构功能和美观。板拱施工残留的混凝土等杂物未清除干净,波形截面双曲拱的波沟位置低凹而立墙未设泄水孔等,往往造成空腹拱的立墙下端处积水,应对该部分进行清理。对于经常被淹没的拱脚区段的养护一定要到位,部分箱拱当拱脚淹没时为减少浮力影响而在拱圈底板设有(进)排水孔,养护时应保持其畅通,不可淤塞。实腹拱桥若漏水严重,影响正常使用,则要挖开拱上填料及桥面,重新修理防排水系统,有的可与增补护拱一并进行。整修拱腔防排水系统后,修复桥面铺装时,还应作好桥面的防水排水。

我国公路拱桥的主拱几乎都采用无铰拱结构,只有少数采用设平铰的双铰拱结构。腹拱的三铰拱多采用平面铰、弧面铰或假铰(拱顶铰),有的将多孔腹拱做成平铰的双铰拱。保持拱铰转动的机动性对保证结构正常受力十分重要。养护时要注意清除嵌入铰缝、变形缝的杂物等。与变形缝对应的栏杆也应保持可以自由伸缩。

构件表面缺损及局部损坏的维修视材料类型采取不同的方法。圬工砌体的个别块体压碎或脱落时,一般应用新的块体填塞,采用与原材料相同的新块体或混凝土预制块,也可直接浇注混凝土填塞。新材料的强度应等同或高于原材料。

拱上侧墙的鼓凸变形及开裂是常见的病害。鼓凸的原因主要有填料不实、拱腔积水及侧墙尺寸偏小。应查明情况进行处理,对于鼓凸部分拆除重砌。若要用轻质材料换填拱的腹腔填料,应经过检算,当能改善主拱受力时方可考虑。

拱上侧墙开裂的主要原因是侧墙变形与主拱变形不协调。一种可能是主拱圈变形量过大;另一种原因是侧墙构造不当,应设的变形缝未设或设置不当。对于侧墙部分的开裂,一般情况下仅做修补裂缝处理即可。有的拱桥设计时已考虑拱上结构联合作用,当拱与侧墙之间开裂脱开后,不能共同受力,对于这种情况应查阅原设计资料,重新按不考虑联合作用来检算,若不能满足强度条件则应予以加固。

中、下承式拱桥的吊杆及系杆拱的系杆,是检查、养护的重点,吊杆和未采用混凝土包裹的系杆都是结构的易损坏部件,要切实做好防锈蚀养护工作,及时修补止水、防水构件、更换防锈涂装等。对拱桥的吊杆、无混凝土包裹的系杆(及以后章节中斜拉桥的拉索、悬索桥的吊杆等)应作为可更换的部件,建立定期检查及更换制度。

4.4.2 加固方法与适用范围

我国的公路拱桥多数建于20世纪50年代至70年代,由于当时的技术水平和建材条件的限制，拱桥采用得很多，甚至一些更适合采用梁式桥梁的地方，如软基地区或宽浅河床地区，也采用了拱桥方案。经过几十年的使用，在需进行加固维修的桥梁中，拱桥占了相当大的比例，这些情况还会持续一段时期，应在养护工作中加以注意。

拱桥的病害类型较多，本条归纳了主要的十四种病害。板拱或肋拱的主拱圈（拱肋）开裂，以拱顶、拱脚等控制截面发生较多，桁架拱、刚架拱则多出现杆端或节点开裂。贵州省创造的桁式组合拱桥，中部的桁拱与边部的悬臂桁架是刚性联结的（称为“新拱脚”），此处拱圈及汇合的桁架杆件端部开裂较多。双曲拱桥采用小构件预制拼装，加之施工工艺方面的原因，整体性较差，出现裂缝较普遍且种类较多，拱上建筑开裂的现象也比较普遍。引起开裂的原因很多，加固维修时应具体分析，有针对性地拟定加固方案。20 世纪 60 年代、70 年代对逐次形成拱圈的拱桥（如双曲拱等），多数采用简化的“内力叠加法”计算，这种假定理论依据不足，算值偏于不安全；有的拱桥设计考虑了拱上建筑联合作用，但对拱圈变形给予拱上建筑的不利影响没有认真考虑；还有的对拱桥设计作了过分的简化。在拟定维修加固方案、进行桥梁检算时，要尽量收集原设计、施工档案材料。对于一些使用状况差、建筑在不适合拱桥方案地区的拱桥，应将拆除改建的方案与加固方案进行比较，费用相差不大时，宜拆除改造，根治“先天不足”的问题。

加大拱圈截面的方法分为从腹面加固和从腹背加固两大类。腹面加固的前提是拱下有施工条件，虽然工作条件差，但是不需要拆除和重建拱上建筑，中断交通时间短，故从腹面加固较多。在桥下净空条件允许时，采用衬拱来加固拱圈的作法方可行，这时应有适当措施保证新、老拱圈联合受力。拱背加固作业条件好，施工质量易于保证，不受桥下条件的限制，但加固工作量大，中断交通时间较长。若拱上建筑也需改建维修，选择从拱背面加固的方案就十分有利。从拱背面加大截面的做法在空腹拱拱脚区段较易实施，若原为等截面拱，加大某些区段的截面后变成了变截面拱，内力分布将发生变化，此时应当进行检算。若在实腹段也从拱背面进行加固，则需拆除拱上建筑，待加固完主拱圈后重新做拱上建筑。

对于肋拱、桁架拱、刚架拱及拱上建筑、横向联系的钢筋混凝土杆件，一般采用粘钢或复合纤维片材加固比较适宜。早期修建的中小跨径双曲拱，有的设拉杆作拱肋间的横向联系，因其刚度小而使用效果较差，宜改成钢筋混凝土横系梁。

中、下承式拱的吊杆若检查发现锈蚀断丝或锚头滑丝应及时维修，更换损坏的吊杆。若原设计为可调整的，可用收紧的方法调整松弛的吊杆。

钢管混凝土拱桥在我国使用时间不长，加固经验很少，其加固方法以外包钢筋混凝土为宜，其他方法如粘贴钢板等还有待实践。

改变拱桥结构体系的加固方法，需经过周密设计后方可采用。常用的方法是加系杆，系杆可设置于拱脚之间，如同下承式系杆拱的系杆，也可设置于起拱线上某一高度。增设的系杆除采用型钢外，也有采用预应力钢筋的作法，预应力筋可锚固于拱圈背面或桥台，通过主动施加预应力来调整拱圈受力。在拱上腹拱的拱脚加系杆，以及在腹拱立墙上加斜撑的作法也被采用过。

变更拱上建筑形式或更换实腹填料为轻质材料，是减载调整压力线的加固方法，当下部结构或地基承载力不够时，宜采用这种方法。变更拱上建筑有多种方法可选择，如将腹拱式空腹拱的立墙改为立柱,将整个拱上建筑改为自重较小的钢筋混凝土框架等轻型结构。实腹拱的轻质填料可采用炉渣、矿渣等。粉煤灰加气混凝土自重只有混凝土的1/4~1/5,其砌体有一定强度,用作拱上填料,除减轻恒载外,还可较好地解决拱腹排水问题。

拱桥的恒载分布对压力线影响较大,一般以压力线接近拱轴线最为有利。加固中可以主动地利用调整恒载分布来改善拱桥受力,反之若盲目地加大某些部件或截面,减小某些部件或拱腹换填轻质材料,也可能造成拱圈受力不利。同时,还应注意恒载变化对拱推力的影响,若是按连拱设计的尤其要注意推力变化对邻孔和桥墩的影响,并采取相应措施承受不平衡推力。加固的工序安排十分重要,若加、卸载不当,甚至可能出现拱圈破坏、跨桥的事故。凡是加固过程中或加固后拱桥恒载分布有较大变化者,都应进行周密的结构设计和施工组织设计,按设计的工序进行施工。

4.4.3 拱桥的拆除

拱桥的拆除是逐步减少恒载的过程,基于恒载分布对压力线的影响,拆除工作切不可盲目进行,已有不止一起拆桥中造成拱圈突然倒塌人员伤亡的事故,因此特增加了本条规定。用爆破方法或用人工方法拆除拱桥都要进行设计,按施工组织有序进行(其他形式桥梁的拆除也应照此要求)。采用爆破法应按爆破作业的有关规定执行。

4.5 钢桥的养护与加固

4.5.1 日常养护与维修

近年来新建钢桥大都采用栓焊结构,但早期修建仍在运营中的钢桥多是铆接结构,所以对铆钉的检验和更换仍是养护要点之一。

条文中铆钉的松动和损坏是指如图4-1中的情况。

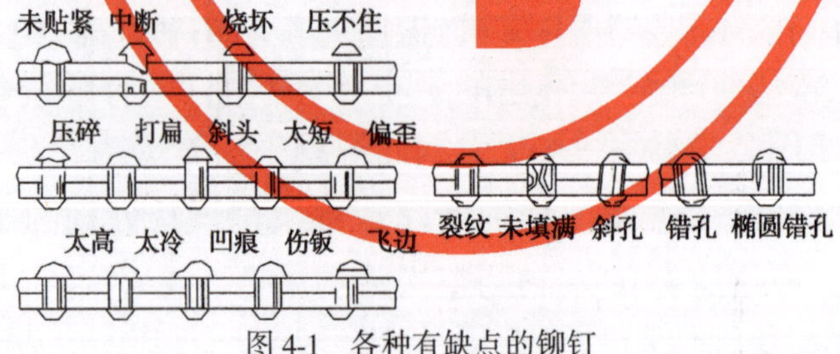

图4-1 各种有缺点的铆钉

普通螺栓在钢结构中很少采用,而高强螺栓目前已被广泛应用于桥梁结构中,高强螺栓依靠摩擦力传力,故螺栓的松动影响结构的安全。保持高强螺栓的预拉应力,是养护的要点。

对松动的高强螺栓可以用带扭矩计的风动、电动或手动板手拧紧。

对于焊接连接的构件,焊接质量受人为因素影响相对较大,在桥梁结构的使用过程中,难免会暴露出一些缺陷,对这些缺陷应及时修补,但在同一部位的修补次数不宜超过2次。

杆件的局部弯曲,可在常温下进行矫正即冷矫,冷矫时应缓慢加力,气温不宜低于5℃,对于总变形率大于2%的杆件,应进行更换,不得冷矫。对有些杆件,因受力不合理,产生的弯曲是由于强度、刚度不足或稳定性差而引起的,该类杆件不仅要矫正,而且还应补强、加固，损伤严重的杆件应进行更换。

4.5.2 涂漆防锈是钢桥养护的主要工作内容。

钢桥养护中采用的防锈油漆，一般应与原涂料一致，也可选用更优良的防锈涂装，如无机磷酸盐型富锌漆等高档产品。涂装工艺十分重要，本条作了较详细的要求。在养护时，尤其是整座钢桥涂装时，应制定详尽的工艺要求。

采用金属涂层成本高，现场施工条件差且工效低，选择涂漆或涂金属涂层应作经济技术比较。

4.5.3 针对钢板梁和钢衍梁两大类桥型，采用不同钢构件加固方法。

钢板梁的加固通常采用增大翼缘板截面和增设加劲肋的方法来进行，加劲肋以采用角钢为主。几种常用的加固方法示意见图 4-2～4-6。

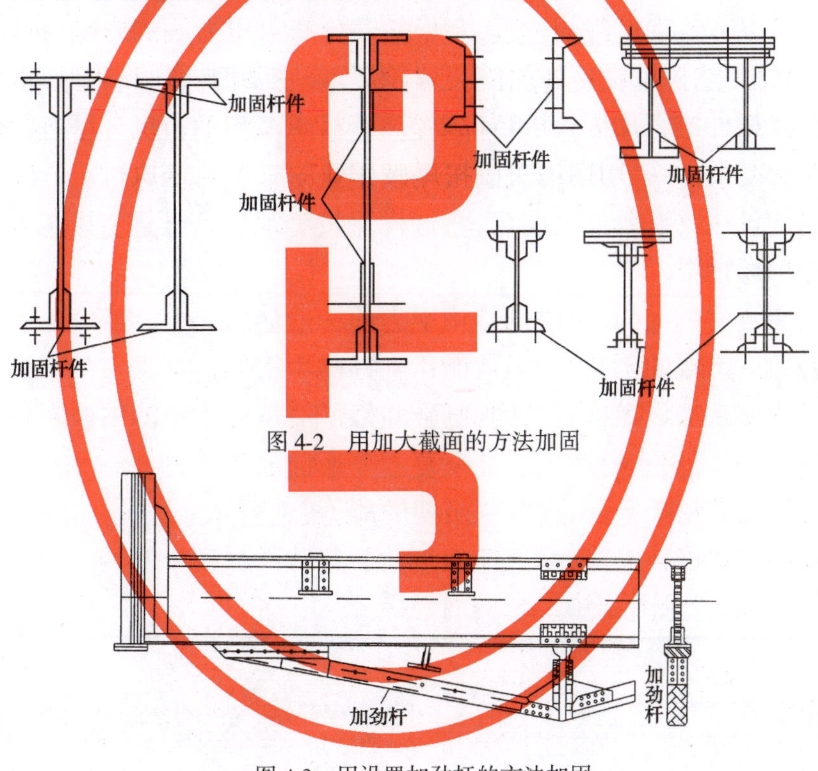

图 4-2　用加大截面的方法加固

图 4-3　用设置加劲杆的方法加固

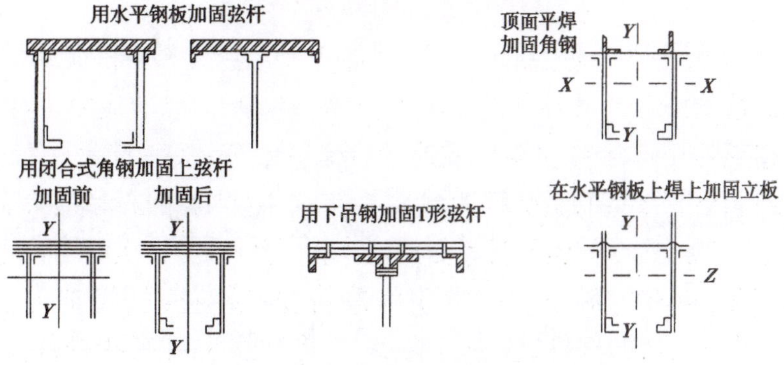

图 4-4　用增强各杆件间联系的方法加固

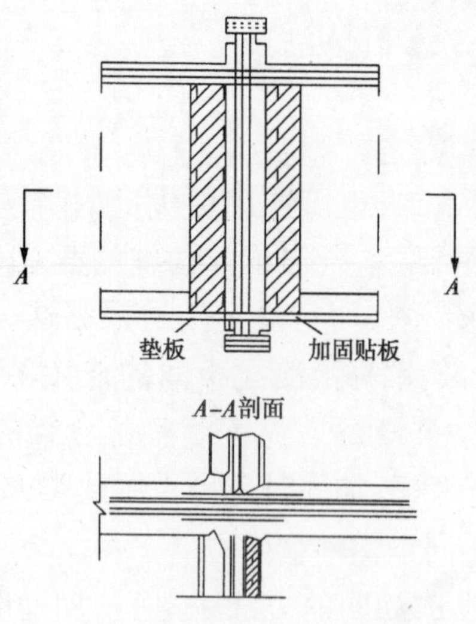

图 4-5 用增加贴板拼接加固结合处

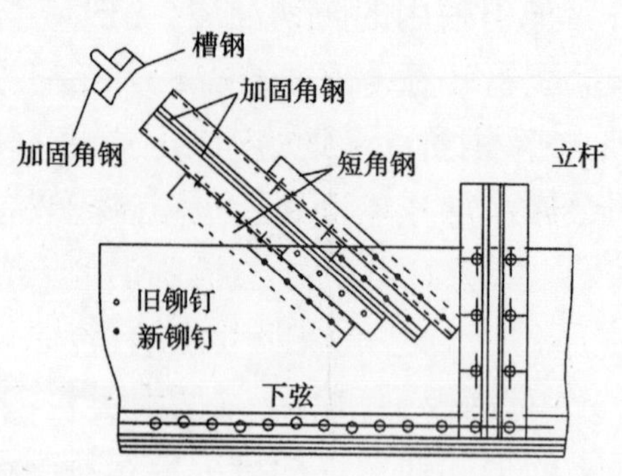

图 4-6 用增加短角钢来加固结合处

4.5.4 恢复和提高整桥承载力的加固,是与本节第三条构件加固相结合来考虑的。如对控制截面或控制杆件进行加固,即可达到提高全桥承载力的目的。此外,本条列举了增加主梁及改变结构受力体系的几种方法,可酌情采用。

新加钢梁以加设在原有各梁之间为主,这样比较美观。当墩台宽度不受限制时,也可考虑在梁的外侧加设钢梁。

在主桁架上装置附加结构,以改变结构受力的构造如图 4-7 ~ 图 4-10。

用加劲梁装在主桁架的下弦杆上,从而达到提高主桁架抗弯强度的目的,见图 4-7。

用体外预应力体系加设在下弦杆的截面形心之下,可使主桁的下弦杆拉应力减小,上弦杆的压应力减小,同时使主桁产生上挠恢复到变形前的状态,见图 4-8。

用拱式结构装在主桁架上面,改善主桁架的应力,见图 4-9。

用悬索体系加在主桁架上面,将主桁的竖向荷载转递到悬索上,通过索塔和背索将荷载传递至地基,构造示意见图 4-10。

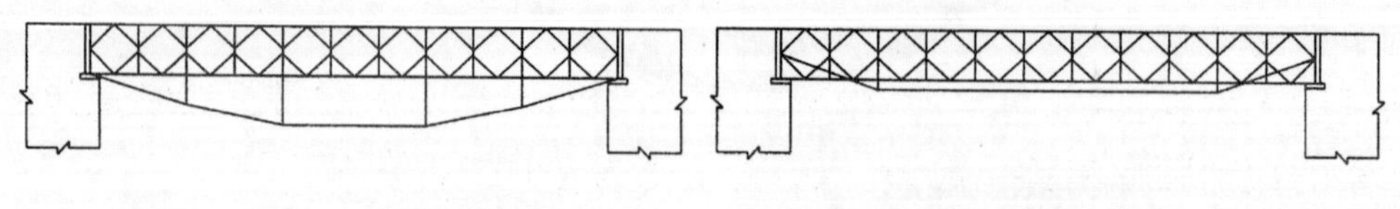

图 4-7 在主桁架下装加劲梁

图 4-8 在主桁架下装预应力体系

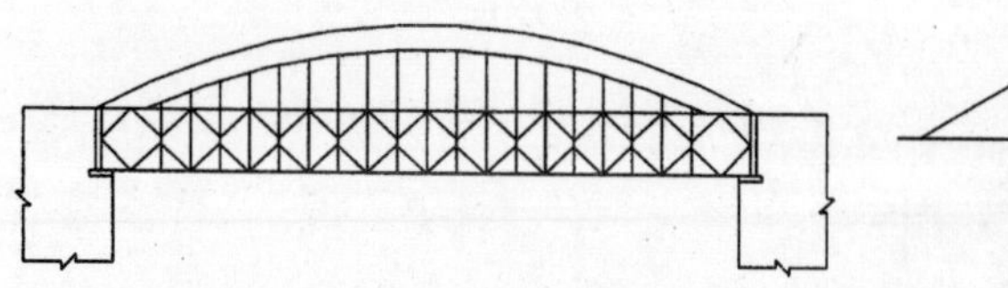

图 4-9 在主桁架上装拱式结构

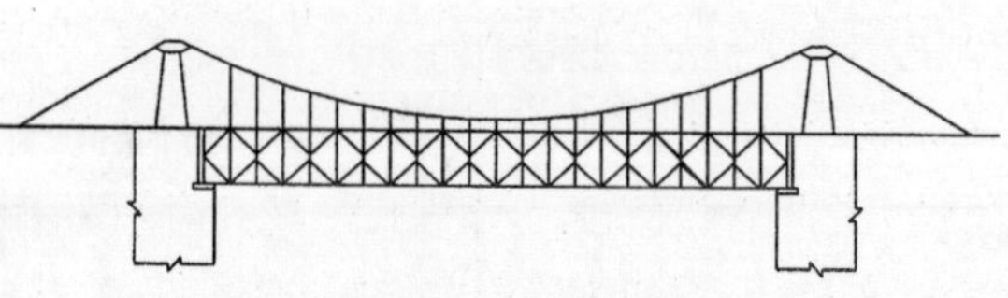

图 4-10 在主桁架上装悬索体系

4.6 钢—混凝土组合梁桥养护

4.6.2 加固方法及适用范围

钢—混凝土组合梁桥的结构特点是混凝土桥面板(除去表面磨耗层外)是主梁结构的一部分,且与钢梁之间可靠地连接成为整体。本条有关加固的规定均是根据这一原则作出的。所针对的病害有两类,一是混凝土板开裂,二是钢与混凝土板间的连接不够,出现裂缝或脱开。加固时对混凝土板临时预压或对钢梁预弯都是为了调整组合梁的应力状态,一般在原设计时已是如此考虑的,若原设计没有考虑,加固时也可采用此类方法,对此需进行设计和检算。

4.7 斜拉桥的养护与加固

4.7.1 日常养护与维修

斜拉桥的主梁、索塔、墩的养护可视其采用的结构形式,参照钢筋混凝土、预应力混凝土或钢桥的有关规定。

斜拉桥养护的重点是斜拉索。斜拉索截面较小,处于高应力状态,对腐蚀作用十分敏感。养护中保持拉索的防护十分重要。

斜拉索的防护主要采用两种形式,一种是加聚乙烯套管,在张拉调整索力结束后加注水泥砂浆,这种做法在早期的斜拉桥中采用,可能因套管中注浆有空洞、套管破裂渗水等引起锈蚀,甚至有因注入的水泥浆泌水在封闭环境里难以蒸发,滞留在套管内引起锈蚀的现象。另一种做法是采用热挤压包裹聚乙烯护套,这种做法近十来年采用较多,效果也较好。有的还采用了喷涂铝锌加聚乙烯护套多重防护措施。

养护中应保持防护套的完好,发现破裂、渗水,应及时修补。斜拉索最易进水的部位是索与锚具的连接部位。连接部位的阻水、密封装置应保持完好,若发现已有渗漏水的现象或疑点,则应打开防护套对拉索进行检查和除锈,然后做防锈涂装,恢复护套等。斜拉索两端锚具的防锈也是养护工作的重点。

有条件的大型斜拉桥,可定期对拉索的索力进行测定。一般可直接测定拉索内力或通过测定索的振动频率来换算内力,依据测值来指导养护与维修。

4.7.2 斜拉索的调整与更换

斜拉桥是高次超静定结构,通过索力调整可使结构处于正常使用状态是斜拉桥的构造特点。调整或更换斜拉索,是斜拉桥维修的一种特有形式。我国修建斜拉桥历史不长,已有在使用期调整索力来消除桥面不均匀变形及调整主梁内力的实例,也有整座桥更换斜拉索的实例。早期修建的斜拉桥已有拆除另建的例子,如四川三台涪江桥。

必须通过特殊检查、检算来确定是否需要调索、换索,调索、换索的方案以及调索、换索的施工程序。更换斜拉索的费用相当高,技术也比较复杂,在研究方案时应对结构的安全性、耐久性、经济性、施工期间的交通组织等进行综合分析比选。调索、换索应按改建工程来管理。

4.8 悬索桥(吊桥)的养护与加固

4.8.1 日常养护与维修

悬索桥的索塔多采用钢筋混凝土结构,加劲梁多采用钢箱梁或钢桁梁,也有采用钢筋混凝土或预应力混凝土结构作加劲梁的,视其结构形式可参考钢筋混凝土(预应力混凝土)桥或钢桥来进行日常养护。尚有极少数悬索桥采用木桥面系,可参考有关木结构养护维修的方法进行养护,有条件时可对其进行更换。

为了保持主缆各索股受力均匀,吊杆(吊索)正常受力,应对其受力状况进行经常性的检查或监测。一般采用仪器测定内力或振动频率的方法进行。对于不具备上述条件的较小跨径的悬索桥也可采用敲击法,用手锤或音叉敲打索股或吊索,根据发声的声调来判断索的松紧,此方法经验性强,可在一定场合下作初判。若发现索股或吊索受力异常时,应查明原因并予以排除。恢复原来状态时,应对索力进行测定和调控。

主缆索的外层都有防止雨、雪侵入的保护层,一旦出现开裂、剥落、破坏,可能造成雨、雪水浸泡引起主缆锈蚀。大型或特大型悬索桥的主缆保护层通常用镀锌钢丝缠绕,并加有防锈涂层,防护效果好。早期修建的中小型悬索桥,往往只有较简易的防护,如涂抹黄油,用玻璃丝布包裹等,这类防护的有效使用期较短,易于破坏,应加强日常检查,发现问题随时进行养护维修并定期更换。当发现保护层破坏时,应对影响范围内的主缆是否锈蚀进行检查,有必要时将附近保护层切剥开进行处理。发现锈点要彻底揩擦、打磨,不留锈迹,消除隐患。主缆处理后,要仔细恢复保护层,注意作好新旧保护层的连接,不能有漏缝或松动。

悬索桥的索鞍一般都加盖鞍罩防尘,有的密封性较差,对此类索鞍应经常进行清扫。特大型悬索桥的索鞍有密封性很好的鞍罩,装有自动调节环境温湿度的设备,这些设备应定期维修,保持正常工作。索鞍下的辊轴是结构的活动部分,应经常清除堆积的杂物,加注或更换润滑油脂保持其机动性,否则可能使索塔承受过大的水平力而应力状态恶化。

悬索桥上有较多的螺栓紧固件,要定期进行紧固并经常检查其工作状态。紧固时要控制扭力,宜使用带扭力计的扳手或专用工具。吊杆的索夹若松动,将造成索夹滑移,吊杆倾斜松弛,若发现这种情况可用铰车等使其复位,通过索端的拉力螺栓调节索力至正常状态,然后重新拧紧索夹的紧固螺栓。

吊杆的养护注意事项与系杆拱或中、下承式拱的吊杆相同。特大型桥梁的吊杆有的装有减震装置,养护时应检查是否有异常或失效,发现问题应及时检修。

悬索桥的锚室或锚洞应保持干燥,防止水从缆索及锚室洞壁中渗流进入。特大型桥梁的锚室装有自动调节温湿的设备,应定期维修,保持正常工作。一些中小型桥的主缆锚室或锚洞比较简陋,有的直接在岩盘中凿成,未作衬砌等表面处理。对这类锚洞要检查表面是否开裂或风化,发现问题要加以处理。有的虽无大的问题出现,有条件的也可加作表面处理,如表面抹砂浆或钢丝网水泥砂浆等。

4.8.2 加固方法及适应范围

悬索桥的刚度较小,特别是加劲梁刚度小、桥宽度较窄的中、小悬索桥,往往出现影响正常使用的过大变形。因此要采取措施来减小竖向变位与横向摆动,这是悬索桥加固的特殊项目。除了增加桥道系的水平风撑减少横向摆动的措施外,其他措施都改变了原结构的受力体系,可能使某些部位受力不利。在考虑加固方案时应进行检算并作改建设计,既改善桥梁的刚度,又要满足强度和稳定的要求。

主缆索垂度的调整十分困难。只有在索股数量很少的悬索桥上才有实现的可能性。因为设计施工不周或养护失误,索鞍偏移过大时有发生。发现索鞍偏移时可用固定于索塔顶的千斤顶迫使索鞍归位,如有必要,也可采取措施减卸一侧主缆的恒载,以便于索鞍复位,待索鞍复位后再调匀两侧的恒载。

锚碇及锚室是将主缆内力传递到地基的部位,是悬索桥至关重要的部分,若出现结构性裂缝或明显的位移(正常情况下的位移是极其微小的),很可能有危及安全的问题,应当高度重视,及时彻底处理。

4.9 桥梁支座的养护与更换

4.9.1 日常养护

支座是桥梁的机动部分,在活载、温度变化或其他因素作用下,要发生转动、水平位移(板式橡胶支座产生大的剪切变形),是养护的重点部位。但由于过去设计公路桥梁,几乎都没有考虑支座养护的工作通道,养护人员难以接近支座部位,支座养护不及时甚至长期失养,影响桥梁的正常工作。所以强调加强对支座的养护是必要的。为此,本条要求对支座的检查频率比其他部位高,每季度至少检查一次,清扫工作也要求每半年至少进行一次。各地可据实际情况,规定定期检查和打扫的时间,同时还应按本规范第 1.0.3 条要求,解决养护工作通道、工作平台的问题。

日常养护应保持支座的机动性和位移功能。防止杂物、垃圾等将支座卡死,防止钢构件锈蚀,橡胶件老化,紧固件松动等。

4.9.2 支座维修与更换

支座是桥梁的可换部件,尤其是橡胶支座,因材料老化其使用寿命远比混凝土、钢材短,除了发现故障及时更换外,应建立定期更换制度,到使用年限的应强制性更换掉。以往在中、小桥中采用油毛毡作简易支座,使用效果并不好,在养护更换时,宜换成其他性能可靠的支座。

更换支座时,需用千斤顶顶起梁(板),先使旧支座脱空,然后进行更换作业,最后再落梁就位。千斤顶的支顶位置应尽可能接近原支座,宜在横桥向沿原支座的两侧架顶。起顶和落顶宜各点同步,也可用小位移量逐次交叉顶升或降落。连续梁等超静定结构更换支座,应进行检算和施工组织设计,避免在更换支座过程中产生过大的附加内力。

5　桥梁下部结构养护

5.1　墩台基础的养护与加固

5.1.1　日常养护与维修

此条主要拟定了对桥梁下部结构的管理及养护工作内容。为保证桥梁的安全,必须在桥位处设置一个安全区域,公路法第四十七条第一款对此有明确规定,本规范提出在桥下树立警示牌的要求。在桥梁安全区域内桥梁管理养护部门有严格管理的职责,任何单位和个人在此区域施工作业或堆放物件等应得到主管部门的批准同意。桥梁安全区域的范围可视具体情况适当扩大,有关的管理应与河道管理部门相协调。本条还规定了桥梁下部结构的各种养护方法。

由于社会经济的不断发展,河道航运日益繁忙,桥梁下部结构特别是桥墩受船只冲撞而受损的现象日益严重,因此,本条还非常明确地规定了检查防撞、导航、警示等附属设施的必要性,使其保持良好状态的重要性,同时应根据不同受损情况进行维修加固。

5.1.2　本条主要规定简支梁的墩台基础沉降和位移允许值。本次重编规范时其计算公式及限值都沿用原规范的规定没有更改。对于超静定结构,位移引起的附加内力超出允许值时会引起结构损坏,对其影响程度可通过观测及检算来确定。墩台基础承载力不足时应进行加固。

5.1.3　加固方法及适用范围

对于重力式刚性实体基础,当承载力不足时一般采用扩大墩台基础底面积的加固方法,称为扩大基础加固法,本条主要规定了常用的几种扩大基础加固法,并提出加固的条件及注意事项。保证扩大部分与原基础连接成整体是本法的关键之一。

常用的桩基础加固法是加桩和加大承台,新旧桩基通过承台来共同受力。新增加桩的直径、长度及数量通过计算确定。增加桩的缺点是基础范围扩大较多。采用压浆方法增加桩壁摩阻力也是有效的加固方法,一般用于钻孔桩的缺陷处理与加固。

人工地基加固是在墩台基础之下或周边钻孔或打入管桩,用一定压力把各种浆液(加固液)灌入土层中,通过浆液凝固,把原来松散的土固结为有一定强度和防渗性能的整体,或把岩石裂缝堵塞起来,从而达到加固地基,提高地基承载力的目的。按加固情况的不同该加固方法的作用主要有:

(1)填充土壤或岩石的空洞和裂缝。如果空洞大,应使用水泥混凝土;如果是裂缝,则应使用水泥浆,堵塞土壤或岩石的渗流孔道,提高其承压能力,减少渗流冲刷的可能性。

(2)填充砂子和砾石的孔隙,提高其承压能力。

(3)挤密较软弱的土层(例如未压实的填土或塑性较大的粘土等),形成复合地基,使地基承载能力得到提高。

注浆加固一般可分为静压注浆和高压喷射注浆两类。静压注浆又可分为填充注浆、裂缝注浆、渗透注浆和挤压注浆等;高压喷射注浆有旋转喷射注浆和定向喷射注浆之分。

注浆加固时各种浆液材料的选择要求是:

(1)浆液应是真溶液而不是悬浊液。浆液粘度低,流动性好,能进入细小裂缝;

(2)浆液凝胶时间可从几秒至几小时范围内随意调节,并能准确地控制,浆液一经发生凝胶就在瞬间完成;

(3)浆液的稳定性好,在常温常压下,长期存放不改变性质,不发生任何化学反应;

(4)浆液无毒无嗅,对环境无污染,对人体无害,属非易燃、易爆物品;

(5)浆液对注浆设备、管路、混凝土结构物、橡胶制品无腐蚀性,并容易清洗;

(6)浆液固化时无收缩现象,固化后与岩石、混凝土等有一定粘结性;

(7)浆液结石体有一定抗压和抗拉强度,不龟裂,抗渗压性能和防冲刷性能良好;

(8)结石体耐老化性能好,能长期耐酸、碱、盐、生物细菌等的腐蚀,且不受温度和湿度的影响;

(9)材料来源丰富,价格低廉;

(10)浆液配制方便,操作容易。

墩台基础防护主要针对基底被水流冲刷淘空的情况。

当桥台由于种种原因而产生滑移、倾斜时应根据不同情况采取相应的加固方法。对于梁式桥或陡拱因台背土压力过大引起向桥孔倾斜或滑移,一般可在台背换填轻质材料以减轻土压力,或加固加厚原有桥台台身。对于单跨小跨径梁式桥还可以在两桥台基础之间增设支撑梁,将上部梁端水平支顶在台帽胸墙上,成轻型桥台受力状况,以防桥台倾斜及向跨中滑移。

拱桥桥台向台后位移,原因是台后土压力偏小,不足以抵抗拱的推力。一般采用加大桥台增加摩阻力的方法加固。台后增加小跨引桥必须有整体式摩擦板,其作用相当于空心式桥台。加孔后的填土仍需仔细夯实。桥下净空许可时,加设拉杆承受推力是较简便的方法。可参见第 4.4.2 节的规定及说明。维修拱桥桥台时,要维持拱推力的平衡,防止拱脚出现大的位移,造成拱圈破坏。

桥梁墩台基础产生沉降往往是由于地基承载力不足而引起,随着时间的推移,沉降会逐渐减少,因此可采用顶升梁板加设垫块的方法进行调整。若沉降量较大,则必须采取有效的方法加固地基与基础,见本章有关条款。拱桥采取顶推的方法来调整拱轴线,恢复原桥形状,达到加固恢复原有桥梁承载能力的方法,可用于沉降、滑移等造成拱轴变形过大的修复。用顶推法加固拱桥时,必须先进行设计计算,并对地基作检查,必要时先加固地基,使其变形稳定,再顶推调整拱轴线。

5.2 墩台的养护与加固

5.2.1 日常养护与维修

本条规定了墩台身的几种不同维修养护方法,主要针对圬工砌体及混凝土的墩台。

5.2.2 加固方法及适应范围

当钢筋混凝土墩台产生缺损时,应依据不同情况采取相应的维修方法,本条列举了常用的几种方法。U形桥台翼墙外倾,如查明是其中填料不实或浸水引起的,也可更换填料,并认真夯实,做好排水。如属地基不均匀沉降引起的,则应处理地基。

墩台身的加固,使用较多的是加钢或钢筋混凝土的围带或套箍,若采用钢围带(或钢套箍)应对钢构件进行防锈处理。对于经常被淹没的墩台,因防锈处理难达到预期效果而不宜用钢构件加固。

常水位以下墩台的缺损处理,可参见5.1.2墩台基础防护加固的方法,或筑围堰抽干水后进行加固修补,或用袋装混凝土通过潜水作业修补。

5.3 锥坡、翼墙的养护

5.3.1 本条主要是对锥坡的维修养护提出了具体的要求。

5.3.2 翼墙出现下沉、断裂或其他形式损坏时,必须及时采取有效方法进行维修。本条主要提出修理的要求。

6 通道、跨线桥与高架桥养护

6.1 通道的养护

6.1.1 通道的结构养护与其他桥梁相比并无特殊要求。由于有人、车通过，维修时应组织好交通，尽可能减少中断时间，或不中断交通。当不中断交通进行维修时必须要有严格的安全保障措施，部分路面关闭时设置的警告、禁令、指示标志要规范。

6.1.2 钢筋混凝土箱涵是通道常用的一种结构。本条列出了混凝土裂缝渗漏的一般修理方法。出现渗漏是箱涵外壁的防水层有破损，才使得水沿混凝土裂缝渗漏。渗漏较小时，封填裂缝可以奏效，若渗漏比较严重，上述措施就不能解决问题，这时可采用在壁外注浆等方法。

6.1.3 钢筋混凝土箱涵的止水带一般用橡胶或塑料制品，应具有高弹性、耐磨性，抗撕裂性及耐老化等性质，且与混凝土能可靠粘结。遇水膨胀的止水带具有遇水后体积膨胀的功能，能进一步密封、填充变形造成的缝隙。止水带一旦发现破损，应及时更换。因为这些材料的使用寿命比混凝土短，应建立定期更换制度，使之经常保持正常使用状态。更换时宜采用性能更好的产品而不拘于与原使用的产品一致。

6.1.4～6.1.5 通道路面往往低于两侧地面，需敷设下埋式排水管将路面积水排除或采用机械抽排水。采用机械设备排水的，应做好设备维修工作，据调查这是养护的薄弱环节，养护工人中缺少会维修机械的技术工人是设备失养、失效的重要原因，故实施本条规定时还应解决维修人员的配置或培训问题。

6.1.7 通道应设置明显的限高标志。当净空小于公路技术等级要求，不符合交通需要时，不仅应标出限高值，还应设置绕行通过的指路标志。

6.2 跨线桥与高架桥的养护

6.2.2 跨线桥或高架桥的排水系统多采用封闭式，将排水管直接接到地面或水沟中。排水系统的养护工作内容与一般公路桥梁有所不同。本条规定特别强调了高架桥梁排水设施的养护维修工作。

6.2.3 高架桥梁上防撞护栏的维护、保洁是一项重要的养护内容。对于金属护栏还应每年进行油漆防锈。

6.2.4 此条规定对设有的防抛网及隔音设施应加强养护,注意保洁,及时维修损坏部分,必要时还应对损坏严重的部件进行更换。

6.2.5 高架桥梁的桥孔管理也是高架桥梁养护中的一项非常重要的内容,应做出相关的管理规定。不允许任意占用桥孔,若需使用桥孔时,使用单位或个人必须经桥梁管理部门审批同意,并发放临时占用证,方可使用。使用桥孔时必须确保桥梁日常养护、维修、检测的需要。使用单位或个人不得在桥孔内从事下列活动:

(1)损害桥梁设施;

(2)搭建建筑物,封闭桥孔或建造其他不利于进行桥梁日常养护、维修、检测工作的设施;

(3)堆放或加工生产易燃、易爆、易腐等有害物品;

(4)擅自转让使用权;

(5)影响治安及环保卫生;

(6)其他违反批准内容的活动。

对于桥孔下安设的护栏必须注意养护维修,如发现损坏应及时修理。

6.2.6 设有照明系统的跨线桥、高架桥,应注意维修与更换,保持夜间照明,以利于交通。

6.2.7 跨线桥的道路交叉部分应设置明显的限高标志,或绕行标志(参见 6.1.7 说明),以及在桥墩、台端面涂刷立面标志,立面标志为黄黑相间的斜线,具体规定见《道路交通标志和标线》(GB 5768—1999)。

7 桥梁抗震加固

7.1 桥梁抗震加固原则

7.1.1 强烈地震时，公路桥梁往往遭受严重的破坏，而且经常同时遭受地震引起的次生灾害（水、火等灾害）的破坏，进而加剧地震危害的严重性，修建在人口稠密地区和重要交通干线上的桥梁更是如此。我国20世纪60年代、70年代以前修建的公路桥梁，有许多未作抗震设计，在1976年唐山大地震后，桥梁抗震设计及加固得到了重视，加固了一大批桥梁，但旧桥抗震加固的任务尚未完成。预先加固是花费较少而抗灾、减灾效果最好的措施。为了减轻地震造成的损失，要求地震区的桥梁在抗震、防震方面必须贯彻预防为主的方针，对现有的桥梁要做好抗震加固工作。

在一般情况下，桥梁能够抵御地震动峰值加速度系数为0.10g或0.10g以下地震产生的地震力。经调查表明，经受过地震动峰值加速度系数为0.10g的地震的桥梁，其中大多数基本完好或仅有轻微损坏。我国《公路工程抗震设计规范》（JTJ 004），规定地震动峰值加速度系数为0.10g或0.10g以上地区的桥梁应进行抗震验算和设防，本规范据此规定了旧桥抗震加固的范围，即地震动峰值加速度系数为0.10g或0.10g以上地区的桥梁必须进行抗震加固。1997年12月我国颁布了抗震减灾法，桥梁抗震加固工作还应按其相关规定执行。

7.1.2 抗震加固后的桥梁，必须满足正常营运和使用情况下，结构因温度伸缩所必须的变形与活载作用所产生的变形等。

7.1.3 到目前为止调查到的梁式桥与拱桥的倒塌或严重破坏多出现在顺桥方向，而横桥方向只出现中等程度的破坏，极个别的梁式桥出现过边梁落梁现象。原因是墩、台在顺桥向的刚度远比横桥向小；梁式桥的梁与墩在顺桥向的搭接长度远比横桥向宽度小；梁式桥在顺桥向为串连结构，其横向为并连结构，从而使地震荷载和相应位移在顺桥向出现较大的传递和不均匀分配。

7.1.4 重点桥梁做好抢修预案，对于减少灾害损失十分重要。预案应包括一旦中断交通的绕行方案和抢修技术方案、人力组织、指挥调度、物资器材储备等。对其预案及准备工作还应定期检查、调整。确保灾害发生时能有效发挥作用。

7.2 桥梁抗震调查

7.2.1 本条列举了震区桥梁调查的重点部位，即抗震薄弱部位。地震时可能出现破坏

的部位如下:

1 梁式桥的跨中因受力大,横梁及支座相对于它们所连接的结构而言刚度小,尤其是支座,是受力集中的机动部分,故在地震中易破坏,被视为薄弱部位。

刚性地基上的拱桥,在地面运动作用下,拱在平面内的基本振型为反对称的两个波,这种变形在拱脚和1/4拱跨处产生的弯矩最大。非刚性地基上的拱桥,由于基础下沉而经常导致腹拱立柱开裂,拱脚、拱顶严重开裂,主拱扭曲,甚至主拱圈折断,上部结构塌落等极其严重的震害。

2 下部结构的薄弱部位主要指桥梁墩台帽、墩、台、基础等互相结合的部位。

墩台帽与墩台身连接处、承台与基桩连接处,及变截面基础的截面突变处,在地震作用下会产生较大的应力集中。

由于材料风化严重而降低了结构原有的强度、刚度,从而变为抗震中的薄弱部位。

基础冲刷严重将使其受力状态恶化,桩基础的自由长度增加,地基上的约束减少,对承载水平推力和弯矩不利;若是摩擦桩,竖直承载力也会减少。基础由于地基表面处约束条件的突变,在地震力作用下易破坏。

工作缝处混凝土的整体性往往比其他断面差,在地震中较易破坏。

7.2.2 地震对结构的破坏情况,随结构类型的不同,抗震措施的设置方式不同而有差别,即使在地震动峰值加速度系数相同区域内的同类结构,其破坏程度也不尽相同。

1 在地震荷载作用下,当作用于主梁的地震力超过支座摩阻力或支座本身强度时,主梁就会发生纵、横向位移。当位移值大于伸缩缝的间隔时,梁端之间就可能互相撞击而造成梁端破坏,或导致落梁。

2 桁架梁的抗扭刚度较差,在强大地震力作用下,桁架梁被扭曲是发生较多的破坏。

3 在强大地震力作用下,拱上建筑破坏的情况较多。采用拱上立柱支撑腹拱的,因为各部分刚度差异较大,易于破坏;腹拱铰设置不当,增加了不合理变形约束,易于破坏;整体性差的拱圈也易于破坏。刚性地基上修建的单孔拱桥与多孔连拱,若桥墩、桥台刚度远大于拱圈刚度时,其抗震能力较强,否则在强大地震力作用下,不仅会使拱圈开裂变形,甚至造成拱桥坍塌。

4 支座是桥梁震害中破坏最严重的部位。地震作用时桥梁上的水平地震荷载将会产生大幅度的水平相对位移,对柔性墩还将产生较大的转角,常常超过设计允许的位移值。调查结果表明,在地震动峰值加速度系数大于等于0.10g时,摆柱式支座、滚动支座普遍出现失稳、倾倒或脱落,几乎无一例外。当顺桥向位移过大、墩身顺桥向与横桥向转角过大时均可使活动支座产生破坏。

对固定支座而言,在地震中会出现两种震害类型,一是顺桥向的纯剪切破坏,另一是横桥向的弯扭破坏。

5 当地震动峰值加速度系数大于等于0.10g时,桥墩台会产生倾斜、开裂和折断。在岸坡滑移时,墩台向河心倾斜、移动,动土压力继续增加,将使墩台身或桩身在稳定层顶面附近弯裂或折断。在地基液化时,会造成地基承载力降低或丧失而导致墩台下沉。

桥台胸墙截面尺寸和强度一般都较小,不足以承受地震时产生的水平荷载。在地震中,胸墙成了最易发生震害的部位,特别是在岸坡滑移时,几乎所有桥梁的胸墙均被剪断。为此,在地震区的桥梁,对胸墙应予以高度重视。

7.3 梁桥的抗震加固

7.3.1 在顺桥向防止地震造成落梁,关键是限制梁与墩之间不要产生过大的相对位移,桥梁的墩、台不产生折断、倾覆等破坏。

梁式桥中最大的震害就是落梁,地震中多数桥台胸墙被撞坏,因此要求适当加强桥台胸墙的刚度与强度,如对胸墙重新用混凝土整体浇筑并配置适量的钢筋等,并在胸墙与梁端之间填充缓冲材料,以缓和梁对胸墙的冲撞。

对简支梁(板)顺桥向桥面连续的简支梁(板)桥,在梁端处设置的挡块必须具有一定的强度,以抵抗地震时梁之间的碰撞。

总之设置纵向挡块的主要目的是限制和阻止主梁纵桥向产生过大的相对位移,防止落梁的发生。

固定主梁是通过在结构上增加约束来限制主梁位移而达到防止落梁的目的。

对于跨径较小的梁式桥,可用卡架将主梁固定于桥墩上(图 7-1)。在限制主梁位移,防止落梁的同时,必须保证主梁正常运营情况下的伸缩余量,特别是在活动支座那一端,因此软木垫或橡胶垫要严格按规定尺寸施工。

采用螺栓加固板梁与墩台之间的连接,在螺栓的活动端应扩孔,孔内所填的弹性材料可为沥青或用其他弹性材料。螺栓伸入墩帽深度不小于 20cm,但也不能使钻孔深度超过墩帽厚度。

对于悬臂梁桥的挂梁可以采用从梁侧钻孔,用钢板、螺栓连接的固定措施,活动支座端的螺孔应留有足够的间隙,以适应温度变化等产生的变形。此外也可采用螺栓竖向连接的方法。

将主梁连成整体可提高结构的整体性、加强各构件之间的连接,在地震时能使结构内力有效地重分布。

加横向钢拉杆或横隔板的措施为横向加固。加固后的主梁由于其整体性的加强,也提高了桥梁的纵向抗弯刚度与抗扭刚度。随着刚度的提高,当地震发生时,主梁的相对位移量减小,故能有效防止纵桥向(或横桥向)落梁事故的发生。

主梁纵向用螺栓或其他钢构件连接的抗震加固可限制主梁与墩、台之间的相对位移。纵向加固时应注意不要改变结构正常工作状态下的受力体系。

将梁端用螺栓固定的钢板直接与桥台胸墙上的埋设件连接起来,可以防止桥梁地震时纵向落梁事故的发生。

日本已开发了防止落梁的装置,其特点是用加装弹簧的钢绞线将相临的梁或梁与桥台胸墙之间连接起来,并有缓冲器和偏向器,可减缓地震的冲击力和局部弯曲应力,承受大的移动量,弹簧使钢绞线平时处于绷紧状态。我国已有厂商在进行开发,采用专门的防

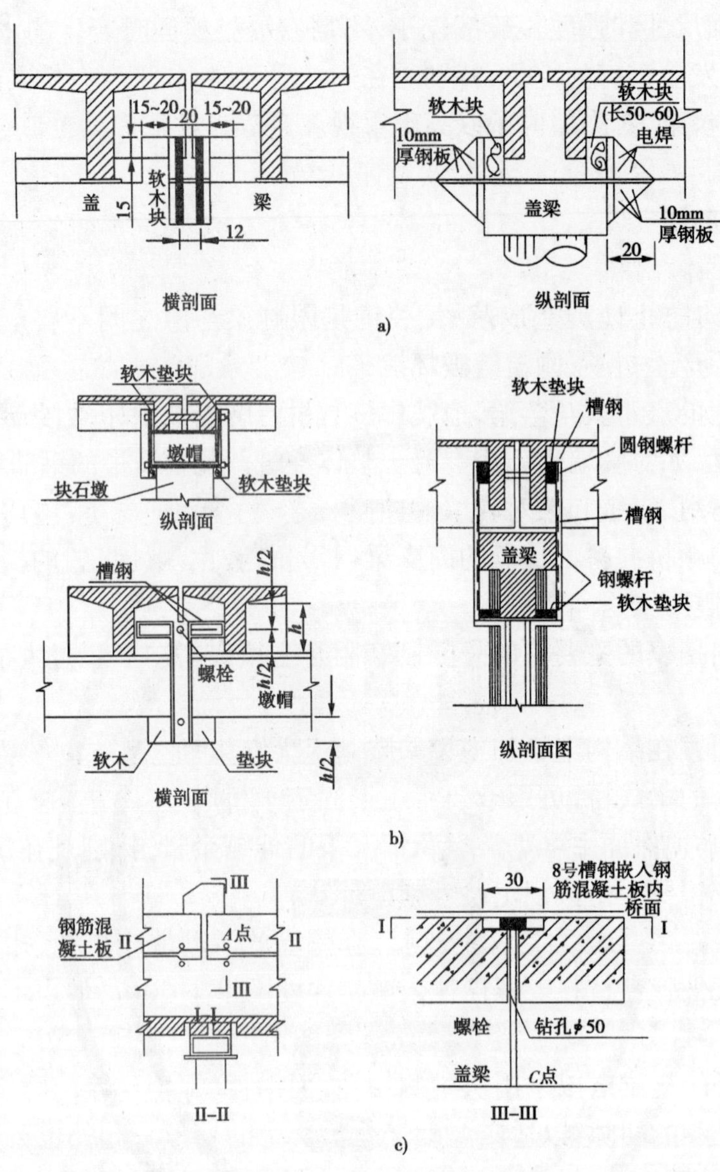

图 7-1　用卡架固定(尺寸单位:cm)

a)三角形卡架固定;b)H形卡架固定;c)口形卡架固定

落梁装置将收到更好的效果。

7.3.2　计算分析及实际调查表明,在构造上采取一些抗震措施,对防止横向落梁具有非常重要的作用。

设置横向挡块的要求与纵向挡块相同。当采用角钢、钢轨或槽钢作挡杆时,挡杆应有足够的强度与刚度。用型钢组成钢支架(通常设计为三角形),和挡杆相比能更好地发挥作用,可用相同数量的材料提供更大的抵抗冲击的能力。采用何种构造形式应按墩台帽能提供的位置大小等因素而定。采用钢挡杆或钢支架,均应作好表面的防锈处理。

加强桥面可起到增加全桥整体性的作用。以往的桥面铺装,有的采用素混凝土,可将其改造,加铺钢筋网。重要桥梁也可考虑用钢纤维混凝土桥面铺装。

7.3.3 梁式桥的支座在地震中是关键部位之一,地震时往往发生支座倾倒,锚栓剪断、滑落等,造成难以修复的后果,因此要重视支座的加固。

钢筋混凝土支座挡块的尺寸,一般可为长40cm、宽20cm、高30cm,但其高度必须保证比T型梁的横梁底面高出20cm以上。挡块中的锚固钢筋埋入墩帽中不小于30~50cm。如果墩、台帽较窄无法设置挡块时,可采用设置挡杆的方法。

《公路工程抗震设计规范》规定地震动峰值加速度系数为0.20g及0.20g以上(原规范中为地震烈度8度及8度以上)地区不应采用摆柱式支座,对辊轴活动支座,则应采取限制其位移的措施。

U形或一字形承托加固支座的方法,只适用于摆动、滚动式支座,且其墩、台帽较宽的情况(图7-2)。

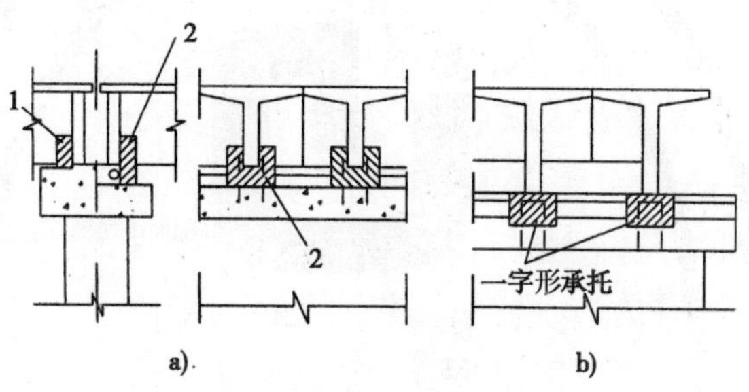

图7-2 摆动、滚动支座的挡块与承托

a)U形承托;b)一字形承托

1-固定支座挡块;2-摆柱支座U形承托挡块

7.4 拱桥的抗震加固

7.4.1 加设防落拱牛腿主要针对刚性地基上的连拱。

当墩的刚度不足以承受单向推力时,墩愈柔,跨数愈多,则抗震能力愈差,强烈地震时将会出现墩身裂缝、折断、落拱等震害。

当墩的刚度较大时,地震力有将拱圈与墩台分开之趋势,设置防落拱牛腿则可有效地加强主拱圈与墩、台之间的连接,从而提高了拱桥的抗震性能。

7.4.2 加强主拱圈的整体性,是抗震加固的重要措施之一。双曲拱桥由多种部件组成,连接部位较多,如拱肋和拱波的连接、拱波之间的连接,拱肋之间的连接等,这些连接部位是抗震的薄弱环节。石拱桥当砌体错缝不规则,砌缝质量差,或采用片石砌筑等,其整体性也较差。本条主要针对双曲拱桥及石拱桥作了规定,其他拱桥若发现整体性不好,亦应采取相应的措施。

对双曲拱桥上部结构进行加固,采用加劲钢筋及剪刀撑法的,其做法为:设两道相距1m的加劲钢筋(Φ20~Φ22),两筋间用剪刀撑(一般为Φ18~Φ20钢筋)连接。注意加劲钢筋两端螺帽下应垫以橡皮垫圈确保不致损坏该处混凝土,外露的钢构件应作防锈处理(图7-3a)。采用此方法在实腹段施工较麻烦,加固后外观较差。

用钢拉杆加强横系梁,提高主拱圈的整体性,一般在最紧要的拱顶部位加固(图7-3b),也可和前述方法结合采用。

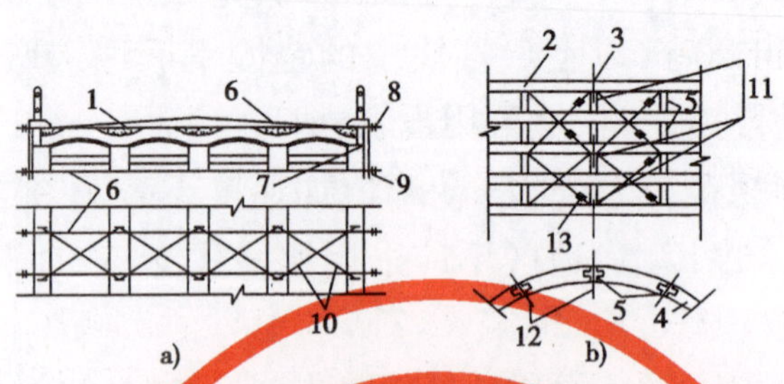

图7-3 双曲拱桥拱肋整体连结

1-C20混凝土填平;2-拱筋;3-拱顶;4-拱圈;5-横系梁;6-钢筋拉杆;7-角钢;8-双螺帽;9-橡皮垫圈;10-斜拉杆;11-钢板箍;12-螺栓;13-法兰螺栓

石拱桥主拱圈由石块浆砌或干砌而成,其抗震性能相对于钢筋混凝土板拱要差些。对整个主拱圈进行加固较困难而且造价也高。用拱圈钻孔锚固法对主拱圈进行三道箍加强是目前常用方法之一(图7-4),也是比较有效的。干砌石拱桥因整体性差,而不宜在地震区采用,已有的干砌石拱桥宜进行改建。

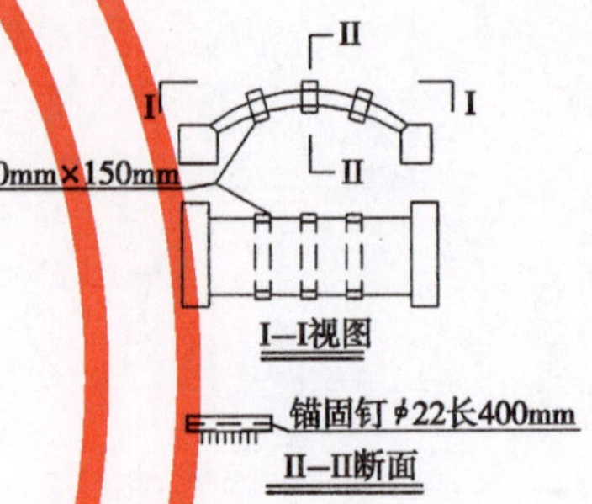

图7-4 石拱板整体连结

7.4.3 拱桥的拱脚处是抗震加固重点部位之一。由于地震时地震荷载在拱脚处引起的弯矩很大,经常导致拱脚处开裂,有时也可能出现剪切位移。

拱脚处加固主要以提高抗弯、抗剪强度为主。由于拱脚处于截面突变部位,因而加固时应尽量减小突变的幅度。

7.4.4 对于空腹式拱桥,当拱上立柱高度大于5m,未设中横系梁者应加设连接构件。有的拱桥对于高立柱还设了纵向的系梁,组成平面框架,这种设置影响美观。加设系梁最好通过验算来确定。拱上构造若为梁式结构,加固方法与梁式桥相同。

7.5 墩、台和基础的抗震加固

7.5.1 在修建时未作抗震设计的墩台和基础,应按现行《公路工程抗震设计规范》(JTJ 004)验算地震作用下结构的抗倾覆及抗滑稳定性,当不满足要求时,应以增强其整体性和稳定性为原则,采取切合实际而有效的加固措施。

在柱式墩较高的情况下,强烈地震发生时,柱倾斜和折断的实例是很多的。例如1975年海城地震时,盘山大桥、胜利塘桥等桥梁的柱严重倾斜、开裂甚至折断。造成这类破坏的原因之一，是柱的强度和刚度不足。

排架式桥墩可采用横向斜撑用来加强墩柱的横向联系，从而加强排架墩的整体性。

用钢套管来加固墩柱，主要是用来提高核心混凝土的强度，提高抗剪、抗弯能力，防止剪切和弯曲破坏。钢套管加固柱（桩）在国外得到了广泛的应用。到1994年为止已有数百座桥梁进行了这样的处理。1994年Northridge地震期间，大约50座用钢套管加固柱的桥梁承受了峰值为0.3g以上的地面加速度，没有一座因柱子损伤而需要进行修复。

对于用椭圆钢套管加固的矩形墩柱，其间的空隙要用同强度等级混凝土来填充密实。

多孔长桥设置抗震墩，采用在原有桥墩两边加设钢筋混凝土斜撑的方法（图7-5），尺寸可参照表7-1。设抗震墩应与桥下通航、通过漂浮物等综合考虑。

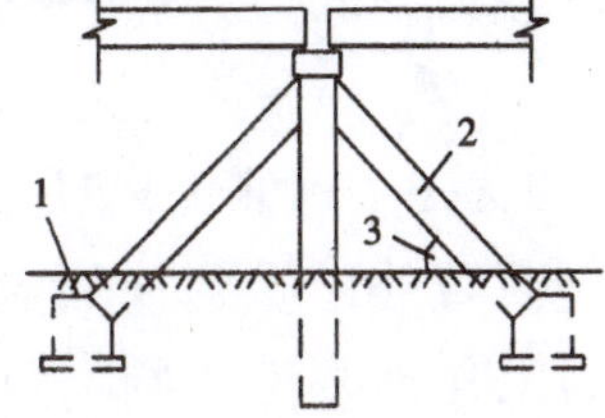

图7-5 斜撑加固
1-一般冲刷线以下1.0m；2-斜撑；3-38°~45°

表7-1 斜撑尺寸表

斜撑长(m)	斜撑断面(cm^2)	混凝土强度等级
<5	20×20	C25
5~8	25×225	C25
8~12	30×30	C30
12~17	35×35	C30
17~25	40×40	C30

增加桥墩截面尺寸，同样是为了提高其抗弯、抗剪强度。一般在薄弱部位增加，如桥墩底部，新增部分一般采用钢筋混凝土。新老墩身之间应埋入或植入连接钢筋。墩身新增的竖向钢筋通过计算确定，并不少于最小含筋率要求。

7.5.2 桥台抗震加固

1 对于扩大基础，可采用外加围裙的方法进行抗震加固。围裙顶面宜埋置在一般冲刷线以下1.0m，砌筑厚度一般为1.5~2.0m。

2 加强桥台抵御地震引起的动土压力的能力，减小动土压力对桥台的作用，是加固桥台的一个原则。

1）当原桥台不足以抵御台背土压力时，可在台后加建挡土墙，用以减轻台后主动土压力对桥台的影响。

2）台前增设扶壁可以稳定桥台，与桥台共同承受土压力，扶壁基础一般应在一般冲刷线以下1.0m。

3）地震中往往出现台后陷落，使桥头接线困难。可在台后增设桥孔，同时也防止了主动土压力过大对原桥台稳定的影响。

4）桥台前加设抗震斜撑，提高桥台的抗滑、抗倾覆稳定性。斜撑的尺寸可参照表7-1。

5)当桥台台后及两侧出现坍塌时,可将原有的埋置式或一字式桥台改为U形桥台,从而加固台身,起到稳定土坡的作用。

3 由于地震水平向惯性力的作用,往往使两岸桥台发生相对位移。位移较大时,则拱轴线也会出现较大的变形,因而改变了原有的受力性能,使承载能力降低。如需恢复其承载力,则必须调整变形后的拱轴线,可用顶推法来进行调整。

7.5.3 地震时若桥梁基础所在的地基土层出现液化和岸坡出现滑移,使桥梁除受到地震荷载外还受到基础变位的影响。在相同烈度情况下,桥梁震害更为严重。因此对修建时未作地基液化判别及未作抗震设防的桥墩、台及基础,要按规范进行验算及判断地基液化的可能性。

经初步判定有可能液化的土层,应按《公路工程抗震设计规范》(JTJ 004)进行标准贯入试验,进一步判定土层是否液化,即当土层实测的修正标准贯入锤击数 N_1 小于计算的修正液化临界标准贯入锤击数 N_0 时,则判为液化,否则为不液化。

地震时液化层内土的竖向承载力和侧向摩擦力会大大降低。当饱和砂土和饱和亚砂土液化时,一般认为这些土层的竖向承载力和水平承载力均接近于零。

对有可能液化的土层上修建的桥梁,应对土层进行加固,以提高土层的承载力。加固方法除条文中所建议的方法外,还可采用换土法、砂桩法、增加基础埋置深度并穿过液化层、采用桩基础或沉井基础等方法,以满足桥梁承载和抗震需要。

7.5.4 加固盖梁最常用的方法之一是给盖梁施加预应力,将外部的预应力束锚固在端块上。预应力能提高盖梁的抗弯曲和抗剪切强度,提高抗裂性能且耗费较低。

在承台上缘设加厚层,将对基础的抗弯强度、抗剪强度产生影响,并对基础与桩的结合提供约束作用。而对承台施加预应力,可削减结点区域的主拉应力,从而会抑制因地震引起的裂缝开展。采用增加承台厚度的方法时,应通过穿销、植筋等方式保证新老承台的整体连接。

8 超重车过桥措施

8.1 一般规定

8.1.1 本条规定的超重车辆为超出桥梁设计承载能力、需采取特定的管理、技术措施才能通过桥梁的特殊车辆，一般是指运输不可分开的超重货物时，其车辆总重或轴重、轮重超过设计荷载的车辆。有的车辆不按额定载重违规超载，超过桥梁设计承载能力，这是属于应当纠正的行为，不是本章所指的超重车。如果经常在桥上行使的车辆，装载符合规定要求，而荷载总是超出桥梁的设计荷载，就应归结为桥梁设计荷载等级不足。

承载能力是一个整体概念，不是仅指某一部分的承载能力，但整座桥梁的承载能力是由最薄弱部分的承载力所控制的。因此分析承载能力要针对桥梁的各个部分，如上部结构、下部结构、地基等，并找出最危险的部位。这里所指的承载能力是按设计理论、规范要求所确定的承载能力或者是通过实测确定的承载能力。

8.1.2 超重车过桥，最基本的要求是在超重车辆安全过桥的同时，桥梁结构不致因此而受损。适当的技术措施（如加固措施）和管理措施（如指挥调度、交能管制）是必不可少的。

超重车过桥前，应查找桥梁的设计文件（或竣工文件）及其他技术档案资料。并依据实桥资料对超重车荷载进行检算。同时还要对桥梁现状按本规范第2章的要求进行现场调查，并与技术资料进行比较、核实。如无资料或资料不全，应通过访问调查、必要的测试、钻探以弄清桥梁的基本情况，并记录必要的数据，为检算打好基础。基本数据包括各部尺寸、材料性质、内部构造，这些资料不仅要反映历史的情况，而且要反映当前的情况及隐蔽工程结构的完好程度等。

有些桥梁，仅仅依靠检算不足以确定其承载能力，一些特别重要的桥梁，如特大桥、特殊结构的桥及战略意义重大的桥，为了使桥梁结构在超重车过桥时有足够的安全度，可作荷载试验，将理论计算与试验测试结合起来对桥梁结构的承载能力进行评判。应当注意的是试验荷载一般不宜加到超重车的荷载水平，其评判是通过外延来确定的，应特别慎重。

确定超重车通过的线路应进行技术经济比较，主要是比较桥梁加固的费用和技术难易程度。宜选用技术状况较好的桥梁通过，这样加固费用较少，而且对现有桥梁承载能力的检算准确度会高一些，车辆通行的可靠性也提高了。

对超重车过桥进行现场管理是必不可少的，该项工作可由养护管理人员和路政管理人员共同完成。

8.2 超重车过桥的检算及载荷试验

8.2.1 超重车过桥时,桥梁是否需要加固或改建,应通过检算(必要时与荷载试验结合起来)来确定。需要加固的桥梁应加固哪部分构件及部位亦应通过计算确定。

8.2.2 桥梁的技术资料对结构计算是非常重要的,如果有完整的设计资料及竣工文件,可据实际情况完全采用这些文件所提供的数据。如果无资料或资料不全以及桥梁有缺损时,则应进行必要的检查、检测、试验以获得准确的技术数据。

应当注意检算应包括桥梁的所有部件,以往有忽略墩、台、基础的情况,故本条特别提出来强调。

8.2.3 按照桥梁实际状况来验算是因为:一方面,由于桥梁在使用过程中其受力体系可能发生变化,已不能用设计时的计算图式来描述桥梁的受力特性;另一方面,加固后由于新增结构的影响,改变了原有受力图式。如采用八字支撑加固时,八字支承的刚度以及基础的变形对主梁内力影响很大,因此,在进行结构计算时,应采用反映实际受力特性的计算图式。

超重车属于偶然荷载,检算时应按实际情况合理确定荷载组合,使计算合理、可靠。为了减少计算工作量又满足超重车过桥的要求,可只计算一种控制状态,其强度、稳定、裂缝均应满足规范要求。将超重车的荷载效应与设计荷载(如挂车)的荷载效应进行比较,是一种快速简便的计算方法,若前者小于后者,说明桥梁安全,反过来,如前者大于后者,并不能说明桥梁不安全,需进一步进行各项验算,方可确定桥梁是否安全或是否需要加固。

8.2.4 荷载试验既费时又费钱,当检查、检算可以做出判断时,可不做荷载试验,只有当检查、检算不足以判断时才考虑做荷载试验。除非要全面了解桥梁的技术状况,应按需要布置多个加载位置,一般情况下布置一组与超重车荷载效应相近的试验荷载即可满足计算要求。

8.2.5 对于有试验资料的桥梁,其内力计算时应尽量以试验资料为依据。如某简支桥梁,有通过试验测得的荷载横向分布数据,则可直接用来进行计算。

8.3 加固措施

8.3.1 基本要求

加固桥梁的基本要求是安全可靠、经济合理、切实可行。在这个前提下,可以灵活地采取各种有效措施。由于超重车过桥的次数很少,采用临时加固措施比较经济、简单,应优先考虑。若与提高荷载等级的改造结合考虑,采用永久性加固措施就可能是经济合理的。特大型桥梁的加固一般比较复杂,耗资大,应作多个方案比较。

临时加固设施在超重车通过后,即可拆除。当采用永久、半永久式加固方案时,特别要注意加固可能带来的负面影响,如加固可能使原结构在正常荷载下受力不利;加固可能压缩河床,增大下部结构阻水面积,改变水流方向等;加固可能使原结构失去外观特色。对于外形很重要的桥梁,采用永久、半永久式加固则应充分顾及原有的外观。

以往的加固主要集中在上部结构,对下构考虑不多,这是不全面、有危险的,必须引起重视。

比较超重车通过方案时,不应只限于原桥的加固,便道、便桥、绕行也应在考虑之中,甚至改建原有桥梁的方案也可结合在一起进行。

8.3.2 加固方案

全桥跨越法只适用于小跨径的梁桥或拱桥,一般只用于单孔桥。其原理是让加固梁承担全部的荷载,通过支点将力传递到下部结构。加固梁应有足够的强度与刚度,下部结构承受的荷载除超重车外还要加入加固梁的荷载,若下部结构承载力不足时应对下部结构也进行加固。

多孔桥采用部分跨越法,是将加固梁的支点设于原各跨主梁的梁端附近以传递力,优点是缩短了加固梁的跨度,超重车荷载不直接作用在原主梁上,可改善主梁的受力,削减原上部结构的弯矩峰值,但也可能使某些截面的内力加大。选择适当的支点位置及加固梁长度,使控制截面的受力状况改善,其他截面也不致恶化是采用此法的关键,应通过试算进行优化。部分跨越法因增加了加固梁,使下部结构的负担加重。若下部结构承载力不足时,应对下部结构进行加固。

加竖向支撑或八字支撑的力学原理基本相同,均是将原简支梁变为中间弹性支承的连续梁,这样就可使后者的内力比前者要小许多。这里有两点很重要,一是支承点选在何处;二是竖向立柱、斜撑的刚度及地基、基础的变形。由于简支钢筋混凝土梁板桥的上缘受压区一般只有构造钢筋,承受负弯矩的能力很小,而增加支点后,该处将产生负弯矩,设置不当将对结构产生不利影响,因此采用多点支撑是减少正、负弯矩的有效方法。竖向支承法的立柱是支承在地基上的,对原桥基础无影响,而八字支撑中的斜撑一般是支承在原桥基础上的,如果下部结构承载力不足时宜选前者。

对于多孔拱桥,增设拱脚间的拉杆承受水平推力,并采取一定的构造措施使拱脚不发生转动,可消除连拱作用达到加固效果。对于桥台无法承受较大水平推力的单孔拱桥,这也是可选择的方案之一。

对于其他的加固方法,只要能满足超重车过桥要求的,均可采用。

以上只是例举了最常用的几种方法,由于桥梁的类型很多,加固方法也很多,管理者应根据实际情况,选择合适的方法。

8.4 超重车过桥的技术管理

8.4.1 本条的规定是为了使超重车过桥时,对桥梁产生的荷载效应最小,行驶最安全。

规定车辆沿桥梁中心线行驶是为了尽可能地减少桥梁的内力,这里所指的中心线是一个广义的概念,对于一般情况,车辆沿桥梁中线行驶,即无偏载发生,桥梁结构的各主要构件受力较均匀,但也有比较特殊的情况,如左右两幅桥并列在一起,而该桥又无分隔带,车辆是沿其中一座桥的中线行驶还是沿两桥间中线行驶更安全,应通过计算确定。

车辆低速匀速行驶是为了避免动载冲击作用,禁止车辆在桥上制动、变速及停留也是这个原因。当跨径较大时,牵引车与拖车可能均作用于某一内力影响线的同符号区域内,将使荷载内力过大。当条件许可时,应使牵引车与拖车产生的内力不要叠加,最好相互抵消部分内力。改变牵引车与拖车的距离应依据计算确定。分开通过对小跨径桥梁减载效果较明显。

禁止行人和其他车辆同时通过,是为了减少桥梁载重,保证安全行驶。超重车过桥必然会影响到正常的交通,故应提前进行准备,尽可能地减少因此而引起的交通阻塞与中断,并保证超重车及正常交通车辆的安全。

8.4.2 超重车通过时应同时进行观测和检查,了解超重车对桥梁结构的影响,保证安全通行。发现异常时的应急处理必须及时准确,如退出荷载,应急加固等。收集加重车过桥的结构承载能力资料,对于科学研究,积累管养经验也是很有益的。

8.4.3 可能发生灾害时桥梁已处于比较不利或危险的状态,超重车通过的安全度会降低,除紧急情况外,这种时期不宜组织超重车通过。

9 漫水桥、漫水路面养护

9.1 一般规定

9.1.1 漫水桥和漫水路面是允许洪水漫过桥面或路面的结构物,一般在交通量小的次要道路中采用。其最大的特点是桥面或路面的标高低,在洪水期或频率较大的洪水发生时,洪水将漫过桥面或路面,车辆可在一定的水深、流速下通过。本条关于日常养护的要求即针对上述特点作出的。

漫水桥、漫水路面的行车道面应是能经受洪水浸泡和冲刷的,通常用混凝土路面或砌石路面,养护时要保证其平整、坚实,及时修整可能造成通行车辆熄火、死车的坑槽。

引导车辆漫水通行的导向标志对于保证行车安全至关重要,不可缺少,若有缺损要及时修复。在汛期及洪水来临之前要进行检查。

9.1.2 压道措施的有关规定参见道路养护的技术规范。

9.1.3 漫水桥、漫水路面允许通车的水深是有限度的,本条列出了最大允许通车水深,由于道路通行的车型不一,公路管理部门还可在表列范围以内规定不同车辆允许漫水通车的水深。漫水行洪期间应有养护管理人员值守,一般情况下,当洪水与桥面齐平时,漫水桥结构受力最不利。这段时间应注意观察结构是否正常。漫水到达限定水位时,应及时设置临时禁止通车的禁令标志,退水后,经观察或实地检查,确认结构基本完好、安全行车有保障,此时方可放行交通。

9.2 漫水桥的养护

9.2.2 本条规定了洪水或流冰到来之前,对漫水桥应作的各项预防、准备工作,包括了解水文信息,修缮、加固结构等。

9.2.3 漫水桥一般桥孔较小,有漂浮物的河道在行洪初期、洪水封孔以及开始漫水时,均要安排养护人员撬漂,防止漂浮物堵塞桥孔。撬漂人员要注意安全,水位上涨时要及时撤出。

9.2.4 洪水或流冰经过后,必须对漫水桥进行一次检查和养护。本条规定了相关的工作内容。

9.3 漫水路面的养护

9.3.1 本条对有路面结构层及无正规路面的漫水路面的日常养护做出了相应规定。

9.3.2 漫水路面只在等级较低的公路中采用,随着公路等级的提高,交通量增大以及人们对行车条件的要求提高,应当逐步进行改造。没有正规路面的,可加铺较高等级的路面,增设桥、涵,调整路线纵面指标,消除漫水路段。在一时达不到消除漫水路段时,也应酌情改善其行车条件,本条对此作了一些相应的规定。

10 调治构造物养护

10.1 调治构造物的日常养护

10.1.1 桥位调治构造物是在桥位及其上、下游附近河段上修建的水工构造物,其作用是调治水流,改善桥位河段水流条件,使桥孔排水、输砂通畅,并减缓水流对桥位附近河床、河岸的冲刷,保证桥梁及桥头引道稳定、安全。按其作用的不同,调治构造物可分为下列四类:

1 导流建筑物

导流建筑物与水流的交角较小,对水流压缩小而缓和,平顺、缓慢地改变水流方向,将水流导入桥孔,防止水流旁蚀淘刷。属于这一类的建筑物有导流堤、顺坝、大堤(河堤)等。

2 挑流建筑物

按需要剧烈地改变水流方向,将水流部分或全部挑离被冲刷的河岸,对水流结构影响较大,其结构形式为一横向障碍物。属于这一类的建筑物有丁坝、透水坝、防水林等。

3 固底建筑物

用于防止河床冲刷下降,常配合浅基墩台、导流堤等防护基础冲刷。属于这一类的建筑物有潜坝、拦砂坝、挑坎等。

4 边坡加固建筑物

用于导流堤、桥头引道路堤以及桥址上下游河岸的防护加固。属于这一类的建筑物有浆砌或干砌片石砌体、铁丝石笼及抛石等。

各种调治构造物既可单独设置,也可联合设置。

10.1.2 洪水前后,应加强对桥涵及其调治构造物的巡察,处理隐患于未然,并及时清除调治构造物附近的漂浮物,以免影响调治功能的正常发挥,减少其对构造物的撞击,避免其聚集而引起的碍洪。

10.1.3 洪水期间,对导流堤、丁坝的边坡坡脚破坏处,采用抛石和铁丝石笼防护时,抛填应适度,不宜过多,以免减小泄水面积而增大冲刷。抛填块片石时,块片石应有良好的级配,并可设置临时木溜槽,以控制抛填位置。

10.1.5 目前对桥渡调治构造物的加固防护,多偏重于工程措施而少采用生物防治,以致形式单一,成本较高。在河滩和河岸路堤边坡外的滩地上植造防水林带,能起到导流、防浪、减速、淤滩和固滩的作用,还可配合其他工程措施,进行综合防治,达到稳定河段、防护河岸的目的,但也要考虑与注意因其阻滞水流可能带来的负面影响。在河滩植造防水林带时,应征得河道管理部门的同意。

10.2 调治构造物的维修与加固

10.2.1 若需将铁丝石笼等临时性调治构造物改为浆砌块、片石或混凝土材料的永久性结构时,因前者是柔性的,而后者是刚性的,应待其沉落稳定后方可进行。宜选择在枯水季节施工。

10.2.2 砌石调治构造物砌体开裂,多数系其基础或地基遭水流冲蚀下沉所致,处理时应查明原因,对症下药。基础冲空部分的修理与加固,可参照本规范第5章桥梁下部结构相关条款执行,并重新对基础埋置深度进行核定,埋深不足时,可配合潜坝、挑坎、砌石等对冲刷范围进行防护。对于砌体裂缝,应在查明原因后及时处理。

10.2.3 本条规定对调治构造物边坡进行加固防护时,各种淹没式堤坝的两侧及顶面均应防护。非淹没式堤坝和非封闭式导流堤,一般只需对迎水面及坝头进行防护,头部防护需延伸至背水面适当长度。

10.2.4 本条规定了河床冲刷的处治方法,对于小桥可考虑河床铺砌或下游筑拦砂坝的方法,防止桥位处河段的冲刷。由于河床铺砌和拦砂坝对河势影响较大,易在行洪时损坏,选用这种加固方案时应慎重考虑,中桥以上一般不采用。

沉放柴排、石笼或抛石护基一般只用作临时加固。

以上处治方法可与本规范第5章墩台基础防护加固进行比较选用。

10.2.6 本条对增设调治构造物作了相关规定。桥位调治构造物的设置,不仅与河流类型,河段特性有关,还涉及交通、水利、农田、甚至城建等部门的利益,因此应根据河段特性、水文、地形、地质、通航要求等,综合考虑、总体布设。若桥位河段水文、水力情况复杂,宜进行水工模型试验,对调治构造物的形式与布设进行研究比选。

在桥涵养护中,除应对桥位处河段状况、桥孔泄洪、桥下冲刷、水位等做观测记录外,还应加强对已建调治构造物工作状况、基础冲刷情况等的观测,为调治构造物的改善和增建提供依据。

11 桥梁灾害防治与抢修

11.1 一般规定

本节规定了桥梁灾害防治与抢修的指导方针及一般要求。列举了水毁、冰害、冻害、泥石流等四种主要的灾害。地震灾害的防治加固已列入第7章。

由于桥梁所处的环境位置，承受自然灾害是不可避免的。自然灾害的出现是随机的，一般说来破坏性越严重的灾害出现的频率越小。基于经济技术条件，设计时是依据道路等级、结构物的规模及重要性，针对一定频率的灾害来设防。超过设防限度，就会造成损害，因此要有对付超过设计安全度以外灾害的应急预案。灾害事件发生，轻则损伤桥梁结构，影响其安全性和耐久性，重则造成桥梁毁坏、交通中断，使生命、财产造成重大损失。因此，在桥梁养护管理中对于防灾、减灾应作到高度重视，常备不懈。实践证明，加强防护、消除隐患以及准备充分的灾害应对措施可以大大减少灾害的危害程度。根据上述认识，本规范依据国家有关防灾、减灾的规定，提出“预防为主，防治结合、保证安全”的方针。

按照上述方针的精神，本节提出了相应的规定。如要求有预防措施、方案，储备抢修的物资、器材；积极防治、治早、治小、治轻等。和原规范相比增加了“抢修时应以尽快恢复交通为第一位，确保安全通行”的要求，突出了抢修的特点。

11.2 水毁防治

11.2.1 抗洪能力评定

抗洪能力评定是一项重要的基础工作,是实行科学管理的要求。一般应每3~6年进行一次评定,由公路管理机构视辖区的具体情况做出规定。山区的公路桥梁,因洪水造成破坏的概率较大,故建议每年评定一次。评定标准在前规范的基础上略作修改。

11.2.2 汛期的水文观测,尤其是行洪过程的水文观测,对于掌握洪水动态,判断对桥梁的影响十分重要。一般观测,只记录当年最高洪水位;对于处于不良状态的河床,或因养护管理的特殊需要,可增加流速、流量、流向等观测项目,还可观测河床断面冲刷情况。

水位观测一般采用水尺测读,水尺可设置在桥台、桥墩或调治构造物上。未设置水尺的,可用水准仪巡回测量洪水线高程。流速和流向观测可采用浮标法。

11.2.3 防洪能力的评定及水文观测都是为了指导桥梁的养护、维修与加固。评定为弱或差等的，已经不能满足正常使用的要求，应进行维修加固。

11.2.4 水毁预防

水毁预防包括汛期前的技术检查与采取预防工程措施，如清淤、加固维修、增设防漂浮物碰撞的设施及调治构造物等，以及做好抢修的各种准备。

近年来，盲目挖砂取石，破坏桥梁上、下游河道造成桥梁水毁的恶性人为灾害较多，2002年6月陇海铁路全长368.5m的灞河桥被低频率的洪水冲毁，中断交通近三个月，造成巨大的经济损失和严重的社会影响，轰动全国。公路桥梁直接毁于人为破坏河道的更是时有发生。因此本节增加了应检查桥位上、下游有无挖砂取石，人为破坏河道危及桥梁安全的相关规定。

增设和调整各种调治构造物，也应该引起重视。引起河势变化的因素较多，一般说来，修建桥梁、设置调治构造物都会引起河道水文条件的变化，有的变化可能与原设计的目的不符。因此调治构造物的设置往往不能一劳永逸。在桥梁的使用过程中，应结合抗洪能力评定工作勤加检查，并采取相应的工程措施。

公路管理机构的雨天、汛期巡查和值班制度必须坚持，以便灾情发生时及时做出反应。当桥梁严重毁坏危及行车安全时，应立即设立警告标志、禁止通行标志，或由专人负责指挥车辆，防止车辆在断桥处发生跌陷失事等二次事故。

11.3 洪水期的抢险与维修

抢险的主要工作有：撬漂，防止因漂浮物在桥墩处聚集阻水，加大对桥梁的冲击力；基础冲刷的紧急防护，用抛填块石、沉砂袋、柴排等防止冲刷继续扩大；引流分洪等。由于洪灾的情况不同，抢修工作应相机处治，果断指挥。当发生桥梁毁坏、交通中断等严重灾情时，可报请当地人民政府支持抢修工作。

关于修建便桥、便道，本条做了修建原则的若干规定。同时，对什么条件下需要修建便桥的表述作了调整，增加“严重损坏危及行车安全”的情况，即不管是否已经冲毁，只要危及安全都要中止交通，改道行驶。

出现需中止交通的情况，应按规定逐级上报，同时向有关部门通报情况，通过新闻媒体或互联网，向社会发布信息。绕行便桥、便道的标志应在需绕行路段路口前方设立，避免道路使用者造成返行的麻烦。

11.4 冰害防治

防治冰害的方法一种是针对水源不大的情况的防治，即通过工程措施，截流或防冻疏流，一般用于中、小桥。另一种是防止解冻时冰凌对桥墩的撞击，实行爆破的方法，一般用于大江、大河的大型桥梁。有关冰凌爆破内容是本次编写新增的。

11.5 冻害防治

11.5.1 本条列举了桥梁产生冻害的原因及冻害现象。含有水的岩土，当温度降至负温时，所含水将从液态转变为固态的冰，此时因体积膨胀而产生冻胀力，水还产生胶结力（冻结力）等。伴随着土中水的冻结和融化，会发生一系列冻土现象（冻胀丘、冰锥、冰湖、融冰滑塌、冰胀与融沉等），以及冻结过程水分迁移、冰的析出。这些冻土现象，构成了对工程建筑物稳定性和安全性的威胁，一般称之为冻害。

对多年冻土地区的桥梁结构，冻土融化除使地基土承载力、抗剪强度等发生急剧下降外，水分的挤渗排出还会产生融化沉降变形（简称融沉），尤其是不均匀的融沉会造成结构的破坏。

对季节性冻土地区的桥梁结构，由于土的冻胀作用可使地基产生不均匀冻胀变形、基桩冻拔；对支挡结构物（桥台前、侧墙，挡土墙等）会在墙背产生远大于土压力的水平冻胀力，使桥台产生如八字墙外倾、前墙与侧墙开裂；使轻型桥台台身断裂等。

11.5.3 防冻胀措施

1 基侧换土：将基础侧面的冻胀土挖除，换填纯净的粗颗粒不冻胀土，换土厚度应不小于2.0m或2倍桩径。若换填土下是不透水粘土层时，由于冻结时未冻水无通路挤渗排出而降低防冻胀效果，这时可加深换填深度或采用盲沟加强排水。

2 改善基础侧面光滑程度：将原粗糙的基础侧面，改建成表面光滑的侧面，并用工业凡士林、沥青渣油或渣油表面活性剂（活性剂可用铬盐和憎水性脂肪胺）等涂抹基础壁面，也可在侧面铺油毛毡，以减少冻结力。

3 分离式套管法；用于桩基础的防冻，套管可采用钢或钢筋混凝土制作，为防止套管因土冻胀而被不断拔出，可在套管底部银板或加翼缘。套管与桩之间填以砂石与渣油（或腊）的混合料。

11.6 泥石流防治

泥石流是山区公路中危害桥涵构造物的主要灾害之一。泥石流的成因较复杂，涉及气象、地形、地质等方面。按照物质组成和运动特性，泥石流可分为下列三种：

1 粘性泥石流。固体物质含量达40%～60%，最高可达80%，含有大量粘土和粉土并挟有石块，水和固态物质凝聚为粘稠的整体，以相同的速度作整体运动，大石块或粘土浆包裹的泥球漂浮于表面而不下沉。流经弯道时有超高和裁弯取直作用，破坏力极大。

2 稀性泥石流。固体物质含量在10%～40%，粘土和粉土物质含量少，水和固体物质不能形成整体，水浆构成的泥浆速度远大于石块速度，石块在床面以滚动方式运动，并有一定的分选性。

3 泥流。固体物质为粉砂，平均粒径小于1mm，含量为60%以上，其中粒径小于

1mm的占90%以上。

对泥石流的治理,可采用工程措施、生物防护等以消除其成因,改变形成泥石流的环境条件,此项工作涉及部门较多,应由人民政府协调各有关方面综合进行。公路管理机构主要考虑线路和构造物的安全,应从泥石流类型、发生频率、规模等因素判定危害程度,拟定防治方案,一般多采用绕避或疏导。当泥石流规模小、危害程度轻时,宜用疏导的方案,包括桥孔清淤、增设调治构造物等。由于泥石流的冲击破坏力大,设置调治构造物宜导不宜挑,否则可能引起调治构造物的破坏,或对下游造成新的危害。对于规模较大,破坏力强的泥石流,进行防护耗费很大,经比较可采用改道绕避的方法,使桥梁在泥石流冲积扇的上游跨越,有条件的地方,也可在泥石流形成区或通过区采取措施安全通行。

12　涵洞的养护与加固

12.1　一般规定

12.1.1　本条规定了涵洞养护的要求。确保行车安全不仅要保证车辆通过，还应尽量作到车辆通过时平顺、不跳车。涵洞的排水要求顺畅并排放到适当的地方，有的涵洞排水直冲农田耕地，显然是不合适的。关于是否允许涵洞漏水的问题，视不同地区和涵洞的不同结构可以有程度不同的要求，如非冰冻地区的某些结构如干砌石拱涵可以允许有轻微渗水，但在冰冻地区，钢筋混凝土盖板涵、箱涵即使是轻微渗水也不允许。总的要求是做好涵洞的防水、排水。

12.1.2　本条规定了涵洞检查及养护工程的分类。

12.1.3　涵洞的开挖维修，通常采用半边施工、半边维持交通的方式进行。通行部分需要有足够单车通行的宽度。也有采用开设便道(便桥)绕行，或就地架设钢梁，在梁下开挖维修的全宽维修方式。不管何种方式都要强调采取必要的措施，保证行车安全及施工安全。

12.2　涵洞的检查

涵洞的检查一般与桥梁的检查是分别进行的，其检查的时间频率不一样，实施检查的人员要求也不一样。本节就涵洞检查的分类、组织、检查内容等做了相关规定。涵洞的定期检查用目测方法，需要时也可辅以仪器，如检查裂缝宽度，测量沉降、变形等。

涵洞的技术状况分类与本规范修改的桥梁分类相一致，划为好、较好、较差、差及危险五类。第五类涵洞也要关闭交通进行改建。在填写检查表时，视具体情况应对其技术状况进行简要的评述。

在一些等级较低的支线公路上，还有少许干砌石拱涵及砖涵、木涵，对其检查及养护的要求可由各地公路养护管理部门作适当补充。

12.3　涵洞的日常养护

本节规定了涵洞日常养护的内容、基本要求等。涵洞日常养护工作大体可分为保洁、清淤、堵漏、结构损伤的修补等四部分。涵洞底板铺砌被冲刷损坏、进出口被冲刷掏空的频率较高,是日常养护的主要工作,应当予以重视。结构损伤的修补,除本节已作规定外,还可依据材料类型及损伤情况,参考相同材料的桥梁结构修补方法。

12.4 涵洞的维修与改建

涵洞地基加固包括严重冲刷的加固及地基沉降变形的处理。冲刷严重时应增设防冲、减冲结构,也可以与沟、渠的疏导整治结合进行。地基的加固方法多用换填夯实等费用较少的方法。如采用较昂贵的处理方法时,应与拆除重建进行技术经济比较。

涵洞的改造主要有接长及提高承载力两种情况。接长涵洞一般用与原涵洞相同的结构形式。接长时应采取措施尽量减少新、旧涵洞段的不均匀沉降。提高承载力一般采用加大结构尺寸及用新结构更换的做法。若在涵内加大结构截面时,应注意减少过水断面造成的影响,不致引起过大壅水或造成其他病害。更换新结构或改设、增设涵洞,一般均采用分段施工的方法维持交通,应注意施工、行车安全,设置相应的标志、护栏等,必要时应有值守人员指挥交通,维护安全。

公路工程现行标准、规范、规程、指南一览表

（2017 年 5 月）

序号	类别		编 号	书名（书号）	定价（元）
1			JTG A02—2013	公路工程行业标准制修订管理导则（10544）	15.00
2			JTG A04—2013	公路工程标准编写导则（10538）	20.00
3			JTJ 002—87	公路工程名词术语（0346）	22.00
4			JTJ 003—86	公路自然区划标准（0348）	16.00
5			JTG B01—2014	★公路工程技术标准（活页夹版，11814）	98.00
6			JTG B01—2014	★公路工程技术标准（平装版，11829）	68.00
7			JTG B02—2013	公路工程抗震规范（11120）	45.00
8			JTG/T B02-01—2008	公路桥梁抗震设计细则（13318）	45.00
9			JTG B03—2006	公路建设项目环境影响评价规范（13373）	40.00
10			JTG B04—2010	公路环境保护设计规范（08473）	28.00
11			JTG B05—2015	★公路项目安全性评价规范（12806）	45.00
12	基础		JTG B05-01—2013	公路护栏安全性能评价标准（10992）	30.00
13			JTG B06—2007	公路工程基本建设项目概算预算编制办法（06903）	26.00
14			JTG/T B06-01—2007	★公路工程概算定额（06901）	110.00
15			JTG/T B06-02—2007	★公路工程预算定额（06902）	138.00
16			JTG/T B06-03—2007	★公路工程机械台班费用定额（06900）	24.00
17			交通部定额站 2009 版	公路工程施工定额（07864）	78.00
18			JTG/T B07-01—2006	公路工程混凝土结构防腐蚀技术规范（13592）	30.00
19			交通部 2007 年第 30 号	国家高速公路网相关标志更换工作实施技术指南（1124）	58.00
20			交通部 2007 年第 35 号	收费公路联网收费技术要求（1126）	62.00
21			交通运输部 2015 年第 40 号	★收费公路联网收费多义性路径识别技术要求（12484）	40.00
22			JTG B10-01—2014	公路电子不停车收费联网运营和服务规范（11566）	30.00
23			交通运输部 2011 年	公路工程项目建设用地指标（09402）	36.00
24			JTG C10—2007	★公路勘测规范（06570）	28.00
25			JTG/T C10—2007	★公路勘测细则（06572）	42.00
26			JTG C20—2011	公路工程地质勘察规范（09507）	65.00
27	勘测		JTG/T C21-01—2005	公路工程地质遥感勘察规范（0839）	17.00
28			JTG/T C21-02—2014	公路工程卫星图像测绘技术规程（11540）	25.00
29			JTG/T C22—2009	公路工程物探规程（1311）	28.00
30			JTG C30—2015	★公路工程水文勘测设计规范（12063）	70.00
31	设计		JTG D20—2006	★公路路线设计规范（0996）	38.00
32			JTG/T D21—2014	公路立体交叉设计细则（11761）	60.00
33			JTG D30—2015	★公路路基设计规范（12147）	98.00
34			JTG/T D31—2008	沙漠地区公路设计与施工指南（1206）	32.00
35		公路	JTG/T D31-02—2013	★公路软土地基路堤设计与施工技术细则（10449）	40.00
36			JTG/T D31-03—2011	★采空区公路设计与施工技术细则（09181）	40.00
37			JTG/T D31-04—2012	多年冻土地区公路设计与施工技术细则（10260）	40.00
38			JTG/T D32—2012	★公路土工合成材料应用技术规范（09908）	42.00
39			JTG D40—2011	★公路水泥混凝土路面设计规范（09463）	40.00
40			JTG D50—2017	★公路沥青路面设计规范（13760）	50.00
41			JTG/T D33—2012	公路排水设计规范（10337）	40.00
42			JTG D60—2015	★公路桥涵设计通用规范（12506）	40.00
43			JTG/T D60-01—2004	公路桥梁抗风设计规范（0814）	28.00
44			JTG D61—2005	公路圬工桥涵设计规范（13355）	30.00
45			JTG D62—2004	公路钢筋混凝土及预应力混凝土桥涵设计规范（05052）	48.00
46			JTG D63—2007	公路桥涵地基与基础设计规范（06892）	48.00
47			JTG D64—2015	★公路钢结构桥梁设计规范（12507）	80.00
48		桥隧	JTG D64-01—2015	公路钢混组合桥梁设计与施工规范（12682）	45.00
49			JTG/T D65-01—2007	公路斜拉桥设计细则（1125）	28.00
50			JTG/T D65-04—2007	公路涵洞设计细则（06628）	26.00
51			JTG/T D65-05—2015	公路悬索桥设计规范（12674）	55.00
52			JTG/T D65-06—2015	公路钢管混凝土拱桥设计规范（12514）	40.00
53			JTG D70—2004	公路隧道设计规范（05180）	50.00
54			JTG/T D70—2010	★公路隧道设计细则（08478）	66.00
55			JTG D70/2—2014	公路隧道设计规范 第二册 交通工程与附属设施（11543）	50.00
56			JTG/T D70/2-01—2014	公路隧道照明设计细则（11541）	35.00
57			JTG/T D70/2-02—2014	公路隧道通风设计细则（11546）	70.00

续上表

序号	类别		编　号	书名(书号)	定价(元)
58	设计	交通工程	JTG D80—2006	高速公路交通工程及沿线设施设计通用规范(0998)	25.00
59			JTG D81—2006	★公路交通安全设施设计规范(0977)	25.00
60			JTG/T D81—2006	★公路交通安全设施设计细则(12609)	50.00
61			JTG D82—2009	公路交通标志和标线设置规范(07947)	116.00
62		综合	交公路发〔2007〕358 号	公路工程基本建设项目设计文件编制办法(06746)	26.00
63			交公路发〔2007〕358 号	公路工程基本建设项目设计文件图表示例(06770)	600.00
64			交公路发〔2015〕69 号	公路工程特殊结构桥梁项目设计文件编制办法(12455)	30.00
65	检测		JTG E20—2011	公路工程沥青及沥青混合料试验规程(09468)	106.00
66			JTG E30—2005	公路工程水泥及水泥混凝土试验规程(13319)	55.00
67			JTG E40—2007	★公路土工试验规程(06794)	79.00
68			JTG E41—2005	公路工程岩石试验规程(13351)	30.00
69			JTG E42—2005	公路工程集料试验规程(13353)	50.00
70			JTG E50—2006	★公路工程土工合成材料试验规程(13398)	40.00
71			JTG E51—2009	公路工程无机结合料稳定材料试验规程(08046)	60.00
72			JTG E60—2008	公路路基路面现场测试规程(07296)	38.00
73			JTG/T E61—2014	公路路面技术状况自动化检测规程(11830)	25.00
74	施工	公路	JTG F10—2006	公路路基施工技术规范(06221)	40.00
75			JTG/T F20—2015	★公路路面基层施工技术细则(12367)	45.00
76			JTG/T F30—2014	公路水泥混凝土路面施工技术细则(11244)	60.00
77			JTG/T F31—2014	公路水泥混凝土路面再生利用技术细则(11360)	30.00
78			JTG F40—2004	★公路沥青路面施工技术规范(05328)	50.00
79			JTG F41—2008	公路沥青路面再生技术规范(07105)	25.00
80		桥隧	JTG/T F50—2011	★公路桥涵施工技术规范(09224)	110.00
81			JTG/T F81-01—2004	公路工程基桩动测技术规程(0783)	20.00
82			JTG F60—2009	公路隧道施工技术规范(07992)	42.00
83			JTG/T F60—2009	公路隧道施工技术细则(07991)	58.00
84		交通	JTG F71—2006	★公路交通安全设施施工技术规范(13397)	30.00
85			JTG/T F72—2011	公路隧道交通工程与附属设施施工技术规范(09509)	35.00
86	质检安全		JTG F80/1—2004	公路工程质量检验评定标准　第一册　土建工程(05327)	46.00
87			JTG F80/2—2004	公路工程质量检验评定标准　第二册　机电工程(05325)	40.00
88			JTG G10—2016	公路工程施工监理规范(13275)	40.00
89			JTG F90—2015	★公路工程施工安全技术规范(12138)	68.00
90	养护管理		JTG H10—2009	公路养护技术规范(08071)	49.00
91			JTJ 073.1—2001	公路水泥混凝土路面养护技术规范(13658)	20.00
92			JTJ 073.2—2001	公路沥青路面养护技术规范(13677)	20.00
93			JTG H11—2004	公路桥涵养护规范(05025)	30.00
94			JTG H12—2015	公路隧道养护技术规范(12062)	60.00
95			JTG H20—2007	公路技术状况评定标准(13399)	25.00
96			JTG/T H21—2011	★公路桥梁技术状况评定标准(09324)	46.00
97			JTG H30—2015	公路养护安全作业规程(12234)	90.00
98			JTG H40—2002	公路养护工程预算编制导则(0641)	9.00
99	加固设计与施工		JTG/T J21—2011	公路桥梁承载能力检测评定规程(09480)	20.00
100			JTG/T J21-01—2015	公路桥梁荷载试验规程(12751)	40.00
101			JTG/T J22—2008	公路桥梁加固设计规范(07380)	52.00
102			JTG/T J23—2008	公路桥梁加固施工技术规范(07378)	30.00
103	改扩建		JTG/T L11—2014	高速公路改扩建设计细则(11998)	45.00
104			JTG/T L80—2014	高速公路改扩建交通工程及沿线设施设计细则(11999)	30.00
105	造价		JTG M20—2011	公路工程基本建设项目投资估算编制办法(09557)	30.00
106			JTG/T M21—2011	公路工程估算指标(09531)	110.00
1	技术指南		交公便字〔2006〕02 号	公路工程水泥混凝土外加剂与掺合料应用技术指南(0925)	50.00
2			厅公路字〔2006〕418 号	公路安全保障工程实施技术指南(1034)	40.00
3			交公便字〔2009〕145 号	公路交通标志和标线设置手册(07990)	165.00

注:JTG——公路工程行业标准体系;JTG/T——公路工程行业推荐性标准体系;JTJ——仍在执行的公路工程原行业标准体系。

带“★”的表示有勘误,详见中国交通运输标准服务平台 www.yuetong.cn/bzfw。